农业行政执法程序
常见问题

中共农业农村部党校
农业农村部管理干部学院　组编

中国农业出版社
北　京

编　写　组

主　　编：向朝阳

策　　划：闫　石

副　主　编：杨东霞

执行主编：汪　明

参编人员：陈素华　许　斌　赵小燕　刘崇文

　　　　　宗勇旭　刘　威　吴振娟　王玉亭

　　　　　秦静云　赵振宇　田　凤

写在前面的话

　　教材是培训教学的基础载体，是培训教学组织的基本规范，是培训教学活动的基干要件，是培训教学研究水平的重要体现。《干部教育培训工作条例》《2018—2022年全国干部教育培训规划》明确提出，要加强教材建设，开发一批适应干部人才履职需要和学习特点的培训教材和基础性知识读本；各地区各部门各单位结合实际，开发各具特色、务实管用的培训教材，根据形势任务变化及时做好更新。

　　多年来，农业农村部管理干部学院（中共农业农村部党校）始终坚持深入贯彻党中央关于干部教育培训工作决策部署，以宣传贯彻习近平新时代中国特色社会主义思想、助力实施乡村振兴战略为己任，把教材建设作为夯实培训基础能力、推进培训供给侧结构性改革的重要抓手，把创编什么教材同培训什么人、怎样培训人、办什么班、开什么课、请什么人讲联动起来，把组织编写、推广使用培训教材同教学、管理队伍建设结合起来，系统提升办学办训能力。围绕走中国特色农业农村现代化道路、全面推进乡村振兴，编写出版了"三农"理论政策、现代农业发展、农业农村法治、农民合作社发展、农业财务管理等方面特色教材50余本，得到了广大学员、同行的普遍好评。

　　党的二十大报告强调指出，全面建设社会主义现代化国家，最艰巨最繁重的任务仍然在农村；要加快建设农业强国，扎实推动乡村产业、人才、文化、生态、组织振兴。功以才成、业由才广。全面推进乡村振兴，建设宜居宜业和美乡村，需要着眼人才"第一资源"的基础性、战略性支撑作用，培育、汇聚一大批高素质人才，推动开辟发展新领域新赛道、塑造发展新动能新优势，带动实现农业强、农村美、农民富。适应新时代新征程要求，培养造就一支懂农业、爱农村、爱农民的"三农"工作队伍，建设一支政治过硬、本领过硬、作风过硬的乡村振兴干部队伍，如何更好发挥教育培训的先导性、基础性、战略性作用，是一个必须回答好的新课题。

高质量教育培训离不开高水平教材的基础支撑。我们把 2022 年定为"教材建设年"，以习近平总书记关于"三农"工作重要论述为指引，发挥我院在相关领域的专业积累优势，系统谋划、专题深化，组织编写"农业农村人才学习培训系列教材"。重点面向农村基层组织负责人、农业科研人才、农业企业家、农业综合行政执法人员、农民合作社带头人及农民合作社辅导员、家庭农场主、农村改革服务人才、农业公共服务人才等乡村振兴骨干人才，提供政策解读和实践参考。编写工作遵循教育培训规律，坚持理论联系实际，注重体现时代特点和实践特色，努力做到针对性与系统性、有效性与规范性、专业性与通俗性、综合性与原创性的有机统一。该系列教材计划出版 10 本，在农业农村部相关司局指导下，由我院骨干教师为主编写，每本教材都安排试读试用并吸收了一些学员、部分专家的意见建议，以保证编写质量。

我们期待，本系列教材能够有效满足读者的学习成长需要，为助力乡村人才振兴发挥应有作用。

向朝阳

2022 年 12 月

前言

　　农业综合行政执法改革是党中央、国务院作出的重大决策部署，截至 2022 年，农业综合行政执法改革任务已经基本完成，全国组建起了一支 10 万人的农业综合行政执法队伍。充分发挥好执法队伍对全面推进乡村振兴、加快建设农业强国的法治保障作用，离不开执法队伍能力素质的快速提升。加强法律知识学习和培训，是提升农业综合行政执法人员能力素质的重要手段。

　　农业综合行政执法工作执法依据多、执法领域广、执法专业性强，因此对执法程序的规范性要求更高，加强普遍适用的农业执法程序规范的学习，能有效提高执法人员的规范办案能力。为了加强执法、规范办案，有效提升农业行政执法水平，农业农村部管理干部学院组织相关执法骨干和专家编写了《农业行政执法程序常见问题》。本书共十章，按照农业行政执法程序进行介绍，包括农业行政处罚基本原则、立案、调查取证、案件审查、告知、听证、作出行政处罚决定、送达、执行、结案归档等内容，以问答形式梳理总结出农业行政执法各环节常见问题共计 100 个，并逐一进行解答。本书立足执法实践，以解决问题为导向，以指导办案为宗旨，可帮助执法人员快速了解和掌握农业行政执法基本知识和程序要点，进一步提高执法人员规范办理各类执法案件的能力。

　　由于时间仓促，编者水平有限，不足之处在所难免，欢迎大家批评指正。

编写组

2023 年 1 月

目　录

第一章　农业行政处罚基本原则

1. 农业行政执法、农业行政处罚、农业行政检查、农业行政强制的涵义是什么？它们的联系和区别是什么？

农业行政执法，又称为农业综合行政执法，是指县级以上地方人民政府农业农村主管部门依法设立的农业综合行政执法机构承担并集中行使农业行政处罚以及与行政处罚相关的行政检查、行政强制职能，以农业农村部门名义统一执法的行为。为规范农业行政执法行为，2022 年 11 月 22 日农业农村部公布《农业综合行政执法管理办法》，自 2023 年 1 月 1 日起施行。

农业行政处罚，是指农业行政处罚机关依照法定权限和程序，对违反农业农村行政管理秩序但尚未构成犯罪的行政相对人予以惩戒的一种行政行为。[①] 农业行政处罚是行政处罚制度在农业农村领域的具体体现。为规范农业行政处罚程序，农业农村部 2021 年 12 月 7 日第十六次常务会议审议通过《农业行政处罚程序规定》，自 2022 年 2 月 1 日起施行。按照《农业行政处罚程序规定》，县级以上人民政府农业农村主管部门在法定职权

---

① 农业部产业政策与法规司、农业部管理干部学院编：《农业行政处罚程序及文书制作实务（第二版）》，法律出版社 2013 年版，第 2 页。

范围内实施行政处罚。县级以上人民政府农业农村主管部门依法设立的派出执法机构，应当在派出部门确定的权限范围内以派出部门的名义实施行政处罚。

农业行政检查，是指农业农村主管部门了解、掌握行政相对人履行法定义务和遵守行政行为确定要求情况的行为。《农业行政处罚程序规定》第八条第二款规定，县级以上地方人民政府农业农村主管部门内设或所属的农业综合行政执法机构承担并集中行使行政处罚以及与行政处罚有关的行政强制、行政检查职能，以农业农村主管部门名义统一执法。但是，农业行业管理机构（无论是部门内设机构还是所属单位）仍然可以开展日常监督管理（包括行政检查等）工作，只是不能承担行政强制和行政处罚职能。

农业行政强制，包括农业行政强制措施和农业行政强制执行。农业行政强制措施是指农业农村主管部门在行政管理过程中，为制止违法行为、防止证据损毁、避免危害发生、控制危险扩大等情形，依法对公民的人身自由实施暂时性限制，或者对公民、法人或者其他组织的财物实施暂时性控制的行为。农业行政强制执行是指农业农村主管部门对不履行法律规定的义务和不遵守行政行为确定的要求的行政相对人采取某种措施，迫使其履行法律规定的义务和遵守行政行为确定的要求或者达到与其履行法律规定的义务和遵守行政行为确定的要求基本相同的状态。

农业行政处罚、行政检查和行政强制是立法者为了保证法律的实现而设定的行政职能，三者程序各异，功能作用是互补的，均是有助于保障法律实现，可使法律从文本规定转化为人们实际行为规范的手段和途径。

2. 农业行政处罚主体的涵义是什么？

农业行政处罚主体，是指依法能够以自己名义作出农业行政处罚决定并承担由此产生的法律责任的主体。农业行政处罚主体一般是指依法行使农业行政处罚权的县级以上人民政府农业农村主管部门。[①]

值得注意的是，受委托组织不属于农业行政处罚主体。原因在于，农业农村主管部门依照法律、法规或者规章的规定委托符合法定条件的农业组织实施农业行政处罚时，受委托的组织应当以委托机关的名义实施处罚，由此产生的法律后果由委托机关承担。例如，县级以上地方人民政府农业农村主管部门内设或所属的农业综合行政执法机构行使行政处罚权时，需要以农业农村主管部门的名义执法，其产生的法律后果由农业农村主管部门承担。再如，县级以上人民政府农业农村主管部门依法设立的派出执法机构应当以派出部门的名义行使行政处罚权，其产生的后果也由派出部门承担。此处内设或所属的农业综合行政执法机构以及派出部门均不属于农业行政处罚主体。

3. 农业行政处罚相对人的涵义是什么？

农业行政处罚相对人，是指违反农业行政法律、法规、规章，依法应当受到行政法律制裁的主体。农业行政处罚相对人，与农业行政处罚主体相对，是农业行政处罚措施所适用的对象。

农业行政处罚相对人分为个人、法人和其他组织。其中，个人包括自然人、个体工商户、农村承包经营户、个人合伙。法人包括特别法人、营利法人以及非营利法人。特别法人，是指机关法人、农村集体经济组织法人、城镇农村的合作经济组织法人、基层群众性自治组织法人。营利法人，是指以取得利润并分配给股东等出资人为目的成立的法人，包括有限责任公司、股份有限公司和其他企业法人等。非营利法人，是指为公益目

[①] 农业部产业政策与法规司、农业部管理干部学院编：《农业行政处罚程序及文书制作实务（第二版）》，法律出版社 2013 年版，第 2 页。

的或者其他非营利目的成立，不向出资人、设立人或者会员分配所取得利润的法人，包括事业单位、社会团体、基金会、社会服务机构等。其他组织，是指不具有法人资格，但是能够依法以自己的名义从事民事活动的组织。

4. 行政处罚法定原则的涵义是什么？如何适用？

行政处罚法定原则是行政处罚的核心原则，也是行政处罚的基本要求。具体到农业农村领域，行政处罚法定原则要求农业行政处罚的主体、处罚依据、处罚程序等都是法定的，农业行政执法机关必须严格遵循法律规定开展执法活动。行政处罚法定原则在适用上应注意以下三点：

（1）农业行政处罚要由法定主体依据法定职权作出。只有法律、法规和规章明确规定有权实施农业行政处罚的行政机关才可以实施农业行政处罚行为。

（2）农业行政处罚机关作出行政处罚决定应当有法律依据。根据《农业行政处罚程序规定》第二条的规定："农业行政处罚机关，是指依法行使行政处罚权的县级以上人民政府农业农村主管部门。"公民、法人或者其他组织的行为，只有法律、法规、规章明文规定应予农业行政处罚的，农业行政处罚机关才能进行处罚。

（3）农业行政处罚机关实施行政处罚，要依法定程序进行。农业行政处罚机关实施行政处罚及其相关的行政执法活动，应当遵循《行政处罚法》《行政强制法》和《农业行政处罚程序规定》等关于程序的规定。

值得注意的是，农业行政处罚法定原则与农业行政处罚自由裁量权并不矛盾。根据《规范农业行政处罚自由裁量权办法》第二条的规定："农业行政处罚自由裁量权，是指农业农村主管部门在实施农业行政处罚时，根据法律、法规、规章的规定，综合考虑违法行为的事实、性质、情节、社会危害程度等因素，决定行政处罚种类及处罚幅度的权限。"一方面，农业行政处罚机关应当在规定的处罚范围、种类和幅度内，根据案件具体情况作出决定；另一方面，农业行政处罚机关行使行政处罚自由裁量权，应当以事实为依据，行政处罚的种类和幅度应当与违法行为的事实、性质、情节、社会危害程度相当。

5. 行政处罚公正原则的涵义是什么？如何适用？

行政处罚公正原则要求行政机关在处罚中平等对待被处罚者、适用法律公正公平。根据《行政处罚法》第五条第二款之规定："设定和实施行政处罚必须以事实为依据，与违法行为的事实、性质、情节以及社会危害程度相当。"具体到农业农村领域，行政处罚公正原则要求农业行政处罚机关实施行政处罚，应当平等对待行政相对人，平等公正地适用法律法规。行政处罚公正原则，要求农业行政处罚机关及其工作人员办事公道、不徇私情，平等对待不同身份、民族、性别和不同宗教信仰的当事人，做到事实清楚，证据充分，程序合法，定性准确，适用法律正确，裁量合理，文书规范。在农业农村领域，行政处罚公正原则在适用上应注意以下五点：

(1) 农业行政处罚必须以事实为依据，以法律为准绳。 农业行政处罚机关必须查明事实，做到事实清楚，证据充分，否则不得予以行政处罚。

(2) 农业行政处罚与违法行为的事实、情节及社会危害程度相适应。 行政处罚公正原则，一方面要求农业行政处罚机关实施行政处罚时要排除不相关因素，即"不偏私"；另一方面要求农业行政处罚机关实施行政处罚时要充分考虑相关因素，即"不专断"。其中，"相关因素"是指符合立法要求、与执法目的实现具有内在关联性的各种因素，包括违法行为的事实、情节及社会危害程度。

(3) 农业行政处罚机关应当告知当事人有陈述、申辩的权利，不得拒绝听取当事人的陈述和申辩。 农业行政处罚机关在作出行政处罚前，应告知当事人拟作出的行政处罚内容及事实、理由、依据，听取当事人对有关事实、理由的陈述、申辩或者解释，防止和克服行政处罚行为的片面性。

（4）实行执法办案和法制审核相对独立。案件查办人员应当与法制审核人员相对独立，案件查办人员负责调查违法行为，法制审核人员对案件进行全面审核，提出审核意见。

（5）实行罚款决定与收缴分离。除法律另有规定外，决定罚款的农业行政处罚机关及其执法人员不得自行收缴罚没款，应当告知当事人在收到行政处罚决定书之日起十五日内，到指定的银行或者通过电子支付系统缴纳罚款。

6. 行政处罚公开原则的涵义是什么？如何适用？

行政处罚公开原则，是指作出行政处罚的依据及处罚的有关内容要公开。根据《行政处罚法》第五条第三款之规定："对违法行为给予行政处罚的规定必须公布；未经公布的，不得作为行政处罚的依据。"具体到农业农村领域，行政处罚公开原则要求农业行政处罚机关作出行政处罚的依据及处罚的有关内容要依法公开，适用中需要注意以下三点：

（1）农业行政处罚机关实施行政处罚的法律依据是事先公布的；未经公布的，不得作为农业行政处罚的依据。农业行政处罚机关实施行政处罚的法律、法规、规章和作为处罚裁量依据的规范性文件应当是公开的。作为处罚依据的法律、法规、规章需要以一定的形式予以正式公布。法律在全国人民代表大会常务委员会公报、中国人大网以及在全国范围内发行的报纸上刊载。行政法规、部门规章在政府公报、中国政府法制信息网以及在全国范围内发行的报纸上刊载。各地制定的行政处罚裁量规范性文件在作为处罚裁量依据前，也应当是对外公布的。未经公布的规定，不得作为行政处罚的依据。

(2) 农业行政执法人员的身份要公开。农业行政执法人员调查处理农业行政处罚案件时，应当主动向当事人或者有关人员出示行政执法证件，并按规定着装和佩戴执法标志，表明自己的身份。

(3) 农业行政处罚机关作出农业行政处罚决定要公开。农业行政处罚决定的结果应在规定的时限内以方便社会公众知晓的方式向社会公开。

7. 处罚与教育相结合原则的涵义是什么？如何适用？

《行政处罚法》第六条规定："实施行政处罚，纠正违法行为，应当坚持处罚与教育相结合，教育公民、法人或者其他组织自觉守法。"具体到农业农村领域，行政处罚与教育相结合原则要求农业行政处罚机关对违法者给予农业行政处罚，应当秉持"以人为本"的行政理念，坚持处罚与教育相结合，教育公民、法人或者其他组织自觉守法。农业行政处罚的直接目的是纠正违法行为，但同时也要注重对违法者和广大人民群众的教育，以提高其法治观念，增强其法律意识，使广大人民群众自觉地遵守法律、维护法律。《农业行政处罚程序规定》第四条规定："农业行政处罚机关实施行政处罚，应当坚持处罚与教育相结合，采取指导、建议等方式，引导和教育公民、法人或者其他组织自觉守法。"

具体而言，《农业行政处罚程序规定》关于"首违不罚"的规定体现了农业行政处罚和教育相结合的原则。其中，该法第五十四条第五项规定："初次违法且危害后果轻微并及时改正的，可以不予行政处罚。"也就是说，对当事人的违法行为依法不予行政处罚的，农业行政处罚机关应当对当事人进行教育。处罚是手段，而不是目的；对于主观恶性较小、未造成直接社会危害后果的或者虽造成社会经济损失但危害后果显著轻微的违法行为，批评教育同样可以达到预防和警示的效果。行政处罚与教育相结合的原则，体现了以人为本、宽严相济、包容审慎的理念，有利于营造透明、包容、公正的执法环境。

8. 保障当事人合法权利原则的涵义是什么？如何适用？

保障当事人合法权利原则的基本要求是：无辜的人不受行政处罚；违法行为人要受到公正的行政处罚；遭受违法行政处罚行为侵害的人要得到及时有效的救济。具体到农业农村领域，农业行政处罚机关实施行政处罚及其相关执法活动应当保障当事人的合法权利。农业行政处罚中的保障当事人合法权利原则，是指公民、法人或者其他组织对农业行政处罚机关所给予的行政处罚，享有陈述权、申辩权；对行政处罚不服的，有权依法申请行政复议或者提起行政诉讼。公民、法人或者其他组织因农业行政处罚机关违法给予行政处罚受到损害的，有权依法提出赔偿要求。根据《农业行政处罚程序规定》第二十三条规定："农业行政处罚机关作出农业行政处罚决定前，应当告知当事人拟作出的行政处罚内容及事实、理由、依据，并告知当事人依法享有的陈述、申辩、要求听证等权利。采取普通程序查办的案件，农业行政处罚机关应当制作行政处罚事先告知书送达当事人，并告知当事人可以在收到告知书之日起三日内进行陈述、申辩。符合听证条件的，应当告知当事人可以要求听证。当事人无正当理由逾期未提出陈述、申辩或者要求听证的，视为放弃上述权利。"

在农业行政处罚中，保障当事人合法权利原则在适用上应该注意以下三点：

(1) 保障当事人的陈述权、申辩权。农业行政处罚机关在作出农业行政处罚决定前，必须及时告知当事人违法的事实、处罚的理由和依据，使当事人有条件和可能为自己的行为进行陈述和申辩。当事人有权对案件事实和处罚是否适当提出自己的意见和建议，从而维护自己的合法权益。保障当事人的陈述权、申辩权客观上也有利于查明事实，公正处理，减少农业行政处罚机关作出错误决定的可能。

(2) 保障当事人的听证权。农业行政处罚机关依法作出较大数额罚款、没收较大数额违法所得、没收较大价值非法财物、降低资质等级、吊销许可证件、责令停产停业、责令关闭、限制从业等较重农业行政处罚决定前，应当告知当事人有要求举行听证的权利。当事人要求听证的，农业行政处罚机关应当组织听证。

(3) 保障当事人的复议、诉讼和要求行政赔偿的权利。 农业行政处罚是农业行政处罚机关作出的单方行为。由于对事实的认定、法律的适用存在不同认识或者受执法人员主观意识的影响，农业行政处罚机关作出的农业行政处罚决定可能存在不适当、不合法的情况。为了纠正农业行政处罚机关实施农业行政处罚过程中可能存在的违法或不当行为，保护相对方的合法权益，必须建立相应的救济途径，赋予当事人提起行政复议和行政诉讼的权利。农业行政处罚机关实施农业行政处罚过程中，存在违法或者不当行为，给公民、法人或者其他组织造成损害的，当事人有权依法提出赔偿要求。

9. 农业行政处罚"三项制度"的具体含义是什么？如何适用？

根据《农业行政处罚程序规定》第七条之规定，各级农业行政处罚机关应当全面推行"三项制度"，即行政执法公示制度、行政执法全过程记录制度、重大执法决定法制审核制度，加强行政执法信息化建设，推进信息共享，提高行政处罚效率。

行政执法公示制度是保障行政相对人和社会公众知情权、参与权、表达权、监督权的重要措施。农业行政处罚机关要遵循"谁处罚谁公示"的原则，公示农业行政处罚的实施机关、立案依据、实施程序和救济渠道等信息，规范信息公示内容的标准和格式。在农业行政执法公示制度的适用上，需要注意以下三点：一是强化事前公开，即全面准确及时主动公开农业行政处罚机关和农业行政执法人员、职责、权限、依据、程序等信息。

二是规范事中公示，即农业行政执法人员调查处理农业行政处罚案件时，应当主动向当事人或者有关人员出示行政执法证件，并按规定着装和佩戴执法标志。农业行政执法人员当场作出行政处罚决定时，必须主动出示执法证件，向当事人表明身份。三是加强事后公开，即农业行政处罚机关在行政处罚决定作出后，应当依法及时向社会公布处罚机关、处罚对象、处罚决定等信息。

行政执法全过程记录制度是农业行政执法活动合法有效的重要保证。农业行政处罚机关要通过文字、音像等记录形式，对行政处罚的启动、调查取证、审核决定、送达执行等全部过程进行记录，并全面系统归档保存，做到农业执法全过程留痕和可回溯管理。农业执法全过程记录制度在适用中需要注意：一是完善文字记录，做到文字记录合法规范、客观全面、及时准确；二是规范音像记录，做到根据农业行政处罚行为的不同类别、阶段、环节，采用相应音像记录形式，充分发挥音像记录直观有力的证据作用、规范执法的监督作用、依法履职的保障作用；三是严格记录归档，完善案卷管理制度，加强对法律文书的制作、使用、管理，按照有关法律法规和档案管理规定归档保存执法全过程记录资料，确保所有农业行政处罚行为有据可查。

重大执法决定法制审核制度是确保农业行政处罚机关作出的重大行政处罚决定合法有效的关键环节。农业行政处罚机关作出重大农业行政处罚决定前，要严格进行法制审核，未经法制审核或者审核未通过的，不得作出处罚决定。重大执法决定法制审核在适用中需要明确审核机构、范围、内容和责任，努力做到重大农业执法决定法制审核全覆盖。

第二章 立 案

1. 立案查处违法行为需要具备哪些基本条件?

符合立案条件的违法行为,执法机关才能对其立案查处,不符合立案条件的违法行为尚未立案的不应当立案,已经立案的应当撤销立案。违法行为立案查处需要具备四个条件:

(1) **当事人确有违法行为,有客观证据证明行政相对人存在违反农业法律、法规和规章的行为。**

(2) **该违法行为具有应受处罚性,即依据法律、法规和规章规定,该违法行为应当或者可能受到处罚。**符合立案条件的违法行为应当是法律、法规明确规定有处罚条款的才可以处罚,法无明文规定不立案,法无明文规定不处罚。

(3) **该违法行为在《行政处罚法》规定的追责时效内。**根据《行政处罚法》第三十六条第一款的规定:"违法行为在二年内未被发现的,不再给予行政处罚;涉及公民生命健康安全、金融安全且有危害后果的,上述期限延长至五年。法律另有规定的除外。"违法行为被投诉举报后被认定属实的,该行为就应被视为发现,以投诉举报时间作为违法行为被发现时间,从该时间点开始计算违法行为的行政责任追究时限。行政执法机关只要对违法行为启动调查程序,就视为发现违法行为。

（4）**违法行为属于本执法机关管辖**。按照职权法定原则，属于本执法机关职权范围，而且按照级别管辖、地域管辖、移送管辖和管辖权转移等原则，案件属于本执法机关管辖的，才可以立案。否则，即使已经立案，也要将案件移送至有管辖权的农业行政管理部门或者其他部门处理。

《农业行政处罚程序规定》第三十条规定："符合下列条件的，农业行政处罚机关应当予以立案，并填写行政处罚立案审批表：（一）有涉嫌违反法律、法规和规章的行为；（二）依法应当或者可以给予行政处罚；（三）属于本机关管辖；（四）违法行为发生之日起至被发现之日止未超过二年，或者违法行为有连续、继续状态，从违法行为终了之日起至被发现之日止未超过二年；涉及公民生命健康安全且有危害后果的，上述期限延长至五年。法律另有规定的除外。"

值得注意的是，已经立案但之后又发现不符合上述立案条件的，例如发现违法行为超过行政责任追究时效的，应当依法撤销立案。《农业行政处罚程序规定》第三十一条规定："对已经立案的案件，根据新的情况发现不符合第三十条规定的立案条件的，农业行政处罚机关应当撤销立案。"

2. 农业行政执法人员接到违法案件线索如何处理？

立案之前的违法线索需要进行核查，主要核查如下内容：

（1）**违法行为是否存在，违法行为是否客观存在的而不是虚构或者想象的。**在此过程中需要注意使用拍照、录像、询问等常见调查取证手段，留下必要的违法行为存在的初步证据，在证据可能灭失或者以后难以取得的情况下，可以先行登记保存。在紧急情况下，还可以进行查封扣押或者封存扣押。

（2）**初步确定违法行为主体，核实确定的违法行为主体与案件线索中**

的违法行为主体是否一致，违法行为主体的主体身份信息是否准确。

(3) 违法行为依法是否应当受到处罚。只有违反法律、法规、规章，并且法律、法规、规章对违法行为明确规定了罚则的，才属于应当立案处罚的。

(4) 违法行为发生的时间及其是否存在连续或者继续状态，违法行为发生时间距离初步核实的日期是否未满两年或者涉及公民生命健康安全且有危害后果的是否未满五年。同时满足上述条件的，应当及时予以立案。也就是说，发现有真实的违法行为存在，有初步确定的违法行为主体，违法行为违反农业法律、法规、规章的规定并且依法应当受到处罚的，在违法行为追溯时效以内的，农业行政处罚机关应当及时予以立案。

违法案件线索经过核实，发现没有真实的违法行为存在的，或者已经超出违法行为追溯时效的，应当不予立案。发现有真实违法行为的，但是农业法律、法规、规章没有明确规定对该违法行为进行处罚的，不应当立案，但是应当依据《行政处罚法》的规定，责令违法行为人改正违法行为。对于发现该违法行为不属于本行政处罚机关管辖的，立案之前可以将该违法案件线索及时移送给有管辖权的部门进行执法查处，此时移送的是违法案件线索，而不是违法案件；立案之后发现违法行为不属于本行政处罚机关管辖的，移送的是违法案件。

3. 立案之前调查取得证据是否可以作为定案证据使用？

立案是案件进入普通行政处罚程序的一个重要标识，在处罚程序中具有重要的标志性意义。从立案程序开始，案件正式进入执法调查阶段。从依程序开展调查取证的法律要求看，立案之前和立案之后开展调查取证活动，还是存在明显差异。

立案之前是可以开展调查取证活动，立案之后是应当开展调查活动，两种调查取证活动在程序意义上是不同的。立案之前，农业行政处罚机关发现违法案件线索的，可以对案件线索进行调查核实，在这个过程中，可以依法进行证据先行登记保存，紧急情况下甚至可以采取查封扣押措施。但是需要注意的是，立案前的调查取证不能作为调查取证活动的主体部分，因为行政执法是一个严格依据执法程序开展的法定活动，按照《行政处罚法》的规定，发现违法行为的，或者对违法案件线索经过核查确认属实的，需要及时立案。立案前开展的调查活动，可以视为一种为正式进入立案程序而作出的准备活动，通过该活动来认定是否具备立案条件。立案后的调查，则是依据执法程序开展的正式调查。执法人员不能以准备活动代替正式的调查取证活动，立案之前有调查，立案之后还需要进行进一步的调查取证，前者不能完全代替后者，否则存在明显的程序瑕疵甚至构成程序违法。

以立案为分界点，两个时间段取得证据存在异同点。相同的是，从证据本身的要求来看，定案证据必须具备真实性、合法性、关联性，才能作为认定案件违法事实的证据。同时立案前后两个阶段取得证据，都是作为认定违法事实的全部证据的组成部分。但在认定违法事实的作用上，两者的差别是明显的：立案之后取得证据，当然是作为认定案件违法事实的证据，如果只有立案之后取得证据，没有立案之前取得证据，也可以单独作为认定案件违法事实的证据的；立案之前取得证据，则与立案之后取得的证据一起作为认定案件违法事实的证据。从执法实践操作上看，执法人员需要对立案前获得的证据作进一步的调查核实，获得相关的更加详细的证据，以证实或者证伪立案前获得证据的合法性、真实性、关联性，从而确保证据的证明效力和违法事实认定的真实、准确。

4. 决定不予立案应当履行哪些程序？对不予立案的案件后续如何处理？

行政处罚机关对违法事实确凿并有法定依据，对公民处以二百元以下、对法人或者其他组织处以三千元以下罚款或者警告的行政处罚的，可以当场作出行政处罚决定。当场处罚适用简易程序，其他行政处罚案件应当适用普通程序。

行政处罚机关执法适用普通程序，符合立案标准的，应当及时立案。《行政处罚法》第七十六条第二款明确规定，行政机关对符合立案标准的案件不及时立案的，由上级行政机关或者有关机关责令改正，对直接负责的主管人员和其他直接责任人员依法给予处分。

对经过调查，发现不符合立案条件的案件线索，决定不予立案，但是依法需要履行必要的程序。《农业行政执法文书制作规范》规定，执法文书包括《不予立案审批表》。《不予立案审批表》与《立案审批表》相比，相同的是都包含有当事人信息（如个人姓名或者单位名称、住所、联系电话、个人身份证件号码或者单位统一社会信用代码等），不同的是在《立案审批表》中执法人员要写明简要案情及立案理由，而在《不予立案审批表》中则要写明简要案情及不予立案的理由。从执法程序上看，两类文书内容都包含有办案机构负责人意见、执法机构负责人意见栏目，这表明了立案和不予立案在执法程序上都要经过办案机构负责人和执法机构负责人审批，也就是最终决定立案还是决定不予立案都是严格依据程序开展的行为，而不是可以由执法人员自行决定的行为。从防控执法风险的角度，执法人员需要填写《不予立案审批表》，方便执法工作留痕，在文书中写明不予立案的事实和理由，请相关负责人签字，表明不予立案履行了相关手续，符合程序要求。

不予立案的案件，发现有违法行为，但是依法不需要处罚的，应当责令违法当事人改正违法行为。发现违法案件涉嫌犯罪，能够及时移送的应当直接移送司法机关处理，便于及时查明违法事实；对于不能直接移送司法机关处理的，仍须及时立案调查，掌握涉嫌犯罪的初步证据后应当及时移送，避免以行政处罚代替司法追责。

5. 撤销立案的案件如何处理?

对于立案后,经过调查发现不具备立案条件的案件,依法撤销对该案件的立案程序。撤销立案也需要遵循相应的行政执法程序,履行相应的审批手续。

撤销立案需要经过相应的审批手续,表现为程序上要经过办案机构负责人和执法机构负责人的审批,相关负责人需要对撤销的事实和理由进行审核把关,防止出现因不当撤销案件导致放纵违法行为的后果。

十分重要的一点是,执法人员在《撤销立案审批表》上,应当写明撤销事实和理由,尤其要写明调查中出现的新情况,足以认定原来的立案条件已经不具备,不需要处罚,依法撤销立案。执法人员需要将事实查明,相关负责人需要从事实核查和法律适用两方面把关。此外,对于案件情况属于应当不予处罚法定情形的,应当撤销立案;对于案件情况属于可以不予处罚情形的,则需要慎重考虑,一般不建议直接撤销立案,可以基于已经查明的违法事实,作出不予处罚的处理决定。

6. 上级机关是否可以将案件转交下级机关管辖处理?

法律法规规定县级以上各级农业行政处罚机关可以对某类违法行为进行处罚的,意味着县级以上各级农业行政处罚机关都有对该类违法行为进行管辖和处罚的权利。因此,上级农业行政处罚机关和下级农业行政处罚机关都有对该类违法行为的管辖权,上级农业行政处罚机关可以将该类违法行为的案件交由下级农业行政处罚机关进行管辖,必要时上级农业行政处罚机关还可以将下级农业行政处罚机关管辖的案件指定其他下级农业行政处罚机关管辖。从级别管辖的角度看,县级以上各级农业行政主管部门,包括农业农村部都有相应的案件管辖权。如果表述为"地方各级农业行政主管部门对违法行为进行处罚",就不包括农业农村部,只有县级、市级和省级三级农业行政处罚机关有管辖权。

一方面,对于法律、行政法规明确规定上级农业行政处罚机关对某类违法行为有处罚权的,例如只规定省级农业行政处罚机关对某类违法行为有处罚权,没有规定县级和市级农业行政处罚机关对该类违法行为有处罚权的,该类违法行为的案件管辖权就不能由省级转移给县级或者市级农业行政处罚机关。另一方面,如果县级和市级农业行政处罚机关认为案件重大、复杂或者不适宜本地管辖的,可以向上级寻求帮助,报请上一级农业行政处罚机关直接管辖或者指定管辖。上一级农业行政处罚机关应当自收到报送材料之日起七日内作出书面决定。

7. 电子商务案件中违法行为加工地和经营商户所在地农业行政处罚机关都认为应由自己管辖,如何处理?

农业行政处罚案件由违法行为发生地农业行政处罚机关管辖。但是为便于对违法案件的管辖和查处,除电子商务平台经营者和通过自建网站、其他网络服务销售商品或者提供服务的电子商务经营者的农业违法行为由其住所地县级以上农业行政处罚机关管辖外,对平台内经营者的农业违法行为由其实际经营地县级以上农业行政处罚机关管辖。为了加强对违法行为的打击,方便农业行政处罚机关及时立案查处,违法物品相关的生产、加工、存储、配送地的县级以上农业行政处罚机关若先行发现违法线索或者接到投诉、举报的,也可以管辖。上述情况可能会出现多个行政机关都有管辖权的情形,对同一个违法行为两个以上农业行政处罚机关都有管辖权的,由先立案的农业行政处罚机关管辖。

两个以上农业行政处罚机关对管辖发生争议的,由双方自发生争议之日起七日内协商解决,协商不成的,报请共同的上一级农业行政处罚机关指定管辖或者直接由共同的上一级农业行政机关指定管辖。此处需要注意，是由共同的上一级机关而不是上级机关指定管辖，不能出现越级报送和指定。

如果农业行政处罚机关发现案件不属于本部门管辖，应将案件移送有管辖权的农业行政处罚机关。受移送的农业行政处罚机关认为也不属于自己管辖的，不得再自行移送，可以报请与移送机关共同的上一级农业行政处罚机关指定管辖。

8. 如何正确理解"违法行为发生地"的内涵？

答：《行政处罚法》第二十二条规定："行政处罚由违法行为发生地的行政机关管辖。法律、行政法规、部门规章另有规定的，从其规定。"如何理解违法行为发生地，是明确行政处罚地域管辖的首要问题。当事人从事行政违法行为，其实施行为过程中会经历开始、实施、经过、结束等多个环节，多个环节可能是在同一个地点发生和完成，也可能是在多个地点先后发生和完成，因此上述多个地点都属于违法行为发生地。上述任何一个阶段，违法行为都可能被农业农村部门发现，从便利行政处罚实施、提高行政执法效率的角度，多个地点都属于违法行为发生地，有助于加强对违法行为的打击。违法行为发生地通常是指违法行为人在实施违法行为全过程中涉及的违法行为地点，包括违法行为的开始地、实施地、经过地、结束地。《行政处罚法》第二十二条规定，行政处罚由违法行为发生地的行政机关管辖，法律、行政法规、部门规章另有规定的，按照特别规定进行管辖。以经营应当经检疫未经检疫生猪的违法行为为例，当事人经营的生猪在生猪出栏的甲地依法应当经过甲地官方兽医检疫后，方可以用于经营活动，当事人将未经检疫的生猪贩运至丙地进行销售，中间还途经乙地，在这个过程中，存在甲、乙、丙等多个地点。在法律上甲、乙、丙等多个地点都属于违法行为地，其中任何一个地点的农业农村部门发现该违法行为的，都有权对该违法行为进行立案查处。实践中，生猪贩运可能经过二个甚至更多地点，途经地农业农村部门发现违法行为的，也都可以进行立案处罚。

9. 哪些情形农业行政执法人员应当主动申请回避，当事人也有权申请其回避？

答：《农业行政处罚程序规定》第三条规定，农业行政处罚机关实施行政处罚，应当遵循公正原则。执法公正是保障执法效果的重要前提，而程序正当是确保执法公正的基本要求。农业行政执法人员在代表农业行政处罚机关实施行政处罚过程中，为了做到执法公正，应当确保自身不与案件或者案件当事人存在相关利害关系，否则应当进行回避。为此，当农业行政执法人员与案件存在利害关系时，应当进行回避。根据《农业行政处罚程序规定》第五条的规定，农业行政执法人员在下列情形下应当回避：①是本案当事人或者当事人的近亲属；②本人或者其近亲属与本案有直接利害关系；③与本案当事人有其他利害关系，可能影响案件的公正处理。

农业行政执法人员回避的方式包括两种，一种是执法人员主动申请回避，另一种是当事人申请执法人员回避。农业行政执法人员主动申请回避或者当事人申请执法人员回避，都应当向农业行政执法机关负责人提出。由农业行政机关主要负责人决定农业行政执法人员在具体案件中是否进行回避。农业行政处罚机关主要负责人的回避，由该机关负责人集体讨论后作出决定；其他人员的回避，由该处罚机关主要负责人作出决定。行政机关实行行政首长负责制，涉及行政执法人员回避，包括行政处罚机关主要负责人以外的其他负责人，都由主要负责人作出是否回避的决定。

在回避决定作出之前，主动申请回避或者被申请回避的执法人员和相关负责人不停止对案件的调查处理，相关参与案件处理的人员应当继续履行调查职责，不得未经批准自行决定回避。

10. 农业行政处罚机关发现立案查处的案件不属于本部门管辖的应当如何处理？农业行政处罚机关发现所查处的案件不属于农业农村部门管辖的，应当如何处理？

农业行政处罚机关对违法行为立案查处，需要具有相应的管辖权，如果立案时发现案件不属于本机关管辖的，应当依法移送其他有管辖权的处罚机关处理。从移送对象来说分为两类，一种是有管辖权的农业行政处罚机关，另一种是农业行政处罚机关以外的其他行政机关。前者解决的是农业农村部门内部关于某一具体案件的管辖分工问题，后者解决的是农业农村部门和其他领域主管部门间对于某一具体案件的管辖问题。

没有管辖权的农业行政处罚机关将案件移送有管辖权的农业行政处罚机关的，受移送的农业行政处罚机关收到移送案件后，认为属于自己管辖的，应当依法受理对案件线索进行核实，并在七个工作日内及时立案；如果案情重大、复杂不能及时立案的，可以报请本机关负责人批准后延长七个工作日。为了确保立案案件的移送规范有序，受移送的农业行政处罚机关对管辖权有异议的，应当报请移送的农业行政处罚机关和受移送的农业行政处罚机关的共同上一级农业行政处罚机关指定管辖，不得再自行移送。没有管辖权的农业行政处罚机关将案件移送给农业行政处罚机关以外的其他行政处罚机关的，受移送的其他行政机关认为属于自己管辖的，应当依法受理；受移送的其他行政机关对管辖权有异议的，按照法律规定的一般原则，也应当报请共同的上一级行政机关指定管辖。从实践看，农业行政处罚机关与其他行政处罚机关共同的上一级行政机关一般是共同所属的一级人民政府。

11. 下级机关是否可以报请上一级农业行政处罚机关管辖?

《农业行政处罚程序规定》第十八条第二款规定:"下级农业行政处罚机关认为依法应由其管辖的农业行政处罚案件重大、复杂或者本地不适宜管辖的,可以报请上一级农业行政处罚机关直接管辖或者指定管辖。上一级农业行政处罚机关应当自收到报送材料之日起七个工作日内作出书面决定。"

可见,原则上下级农业行政处罚机关应当按照属地原则依法实施行政处罚行为,但是为了更好地实现执法效果,现行规定同时赋予了下级农业行政处罚机关向上一级农业行政处罚机关进行管辖权移送的权利,但也设定了必要的条件限制。

此外,上级农业行政处罚机关认为有必要时,可以直接管辖下级农业行政处罚机关管辖的案件,也可以将本机关管辖的案件交由下级农业行政处罚机关管辖,必要时可以将下级农业行政处罚机关管辖的案件指定其他下级农业行政处罚机关管辖,但不得违反法律、行政法规的规定。与下级农业行政处罚机关只能向上一级农业行政处罚机关进行管辖权移送不同,上级农业行政处罚机关向下级农业行政处罚机关转移管辖权没有下一级的限制。

值得注意的是,对案件的管辖,可以通过指定管辖改变地域管辖,但是将上级农业行政处罚机关管辖的案件向下级农业行政处罚机关转移案件管辖权时,不能违背法定的级别管辖的规定。从实践来看,专属于上级管辖的案件常见的是指法律明确规定由省级以上农业行政处罚机关管辖的案件,不能违背级别管辖的规定,指定县、区、市等下级处罚机关管辖和作出处罚决定。

实践中值得注意的是,上级农业行政处罚机关可以调动本行政辖区内具有执法资质的农业行政执法人员参与到具体案件办理中,并以上级农业行政处罚机关的名义开展执法调查和作出处罚决定，这种做法是上级农业行政处罚机关以自己的名义对外开展执法活动，不违背法律关于案件的级别管辖的规定。

12. 行政处罚追责时效和刑事犯罪追诉时效有何区别？

行政处罚追责时效是指行政处罚机关追究违法行为人行政法律责任的期限。违法行为超过追责时效的，行政处罚机关不再追究违法当事人的行政法律责任。《行政处罚法》第三十六条规定："违法行为在二年内未被发现的，不再给予行政处罚；涉及公民生命健康安全、金融安全且有危害后果的，上述期限延长至五年，法律另有规定的除外。前款规定的期限，从违法行为发生之日起计算；违法行为有连续或者继续状态的，从行为终了之日起计算。"农业行政处罚机关对发现的违法行为进行调查核实时，不仅需要核实违法行为是否真实存在，还需要核实行为是否处于行政处罚追责时效内，在时限内的可以依法处罚；如果超过行政处罚追责时效，不符合行政处罚立案条件，则依法不予立案处罚。超过行政处罚追责时效，但已经立案、处于调查取证阶段的，应当依法撤销立案；如果前期调查已经结束，农业行政执法人员在案件审查意见书中建议不再给予行政处罚；如果已进入法治审核阶段或者案件审核阶段，审核人员应当在审核意见书（或者审核意见栏）中建议不再给予行政处罚；如果已进入行政机关负责人全面审查阶段，负责人也应当作出不予行政处罚的决定。

行政违法行为被行政机关、监察机关、司法机关、军事机关等有权机关发现并启动调查取证程序或者立案程序的，或者被人民群众举报后被执法机关认定违法行为成立，违法行为人在两年内逃避处罚，在两年后执法机关将其查获的，也应当依法给予行政处罚。违法行为人如果自行改正自身的行政违法行为，该违法行为已经终止，如果经过一段时间后又发生同样的违法行为，一般不认定为同一个违法故意，对后一个违法行为应当重新计算追责时效。

　　刑事犯罪追诉时效是指《刑法》规定的司法机关追究犯罪人刑事责任的有效期限。根据《刑事诉讼法》第十六条规定，犯罪行为已过法定追诉时效期限的，不再追究刑事责任；已经追究的，应当撤销案件，或者不起诉，或者终止审理，或者宣告无罪。依据《刑法》第八十七条的规定，刑事犯罪经过下列期限不再追诉：（1）法定最高刑为不满五年有期徒刑的，经过五年。（2）法定最高刑为五年以上不满十年有期徒刑的，经过十年。（3）法定最高刑为十年以上有期徒刑的，经过十五年。（4）法定最高刑为无期徒刑、死刑的，经过二十年。如果二十年以后认为必须追诉的，须报请最高人民检察院核准。第八十八条规定了追诉期限的延长，在人民检察院、公安机关、国家安全机关立案侦查或者在人民法院受理案件以后，逃避侦查或者审判的，不受追诉期限的限制。被害人在追诉期限内提出控告，人民法院、人民检察院、公安机关应当立案而不予立案的，不受追诉期限的限制。

　　行政执法机关和司法机关在对案件进行审查和作出是否立案的决定时，时效审查是其中重要内容之一。行政处罚追责时效和刑事犯罪追诉时效在计算方式上有明显区别。刑事犯罪追诉时效一般长于行政处罚追责时效，如果司法机关对案件进行审查后作出不予立案的决定，移交行政执法机关处罚时，需要审查违法行为是否仍处于行政处罚追责时效内，对于仍处于行政处罚追责时效内的依法立案，对于不处于行政处罚追责时效内的依法作出不予立案决定并将其理由告知移送案件的刑事机关。

第三章　调查取证

1. 证据先行登记保存有哪些必备程序？有哪些注意事项？

证据先行登记保存是一种作用于证据保全的行政强制措施，应当严格依法实施。依据《行政处罚法》第五十六条和《农业行政处罚程序规定》第四十二至四十四条的规定，农业行政处罚机关实施证据先行登记保存措施，应当遵守如下程序：

(1) 实施前向农业行政处罚机关负责人报告并经批准。

(2) 当场清点先行登记保存有关证据，开具清单，填写先行登记保存执法文书，由当事人和农业行政执法人员签名、盖章或者按指纹，并向当事人交付先行登记保存证据通知书和物品清单。

(3) 自证据先行登记保存之日起七日内作出相应处理决定：

①根据情况及时采取记录、复制、拍照、录像等证据保全措施；

②需要进行技术检测、检验、鉴定、评估、认定的，送交有关机构检测、检验、鉴定、评估、认定；

③对依法应予没收的物品，依照法定程序处理；

④对依法应当由有关部门处理的，移交有关部门；

⑤为防止损害公共利益，需要销毁或者无害化处理的，依法进行

处理；

⑥不需要继续登记保存的，解除先行登记保存。

（4）情况紧急，农业行政执法人员需要当场采取先行登记保存措施的，可以采用即时通讯方式报请农业行政处罚机关负责人同意，并在二十四小时内补办批准手续。

农业行政执法人员在采取证据先行登记保存措施时应当注意以下事项：

（1）适用条件。证据先行登记保存必须是证据可能灭失或者以后难以取得的情况下，才可以采取登记保存。执法实践中，要注意不能滥用证据先行登记保存，更不能用证据先行登记保存来代替查封扣押等行政强制措施。近年来，部分行政机关因滥用登记保存被法院撤销的案件屡见不鲜。例如，舟山市普陀区人民法院在（2020）浙初0903行初34号行政判决书中认为，"被告以证据先行登记保存之名，对原告的财物实施查封、扣押的行政强制行为，无法律依据，且未遵守相关程序规定，已构成违法，应当予以撤销"。

（2）需要办理审批。农业行政执法人员采取证据先行登记保存措施，必须经行政机关负责人批准；在紧急情况下，需要当场采取先行登记保存措施的，农业行政执法人员可以采用即时通讯方式报请农业行政处罚机关负责人同意，并在二十四小时内补办批准手续。

（3）注意物品的清点。农业行政执法人员登记保存的物品必须是与行政处罚案件相关的物品，而不能保存无关的物品。同时要当场清点相关物品的数量，开具清单，清单要清楚写明物品名称、种类、规格、数量、批号或生产日期、保质期或有效期、存放地点等内容，并明确计量单位。

（4）注意物品的处理。依据《农业行政处罚程序规定》第四十四条的规定，在采取登记保存措施后，农业行政处罚机关必须在七日内作出6种不同情形的处理决定。执法实践中，第三种情形"对依法应予没收的物品，依照法定程序处理"的表述要规范。在先行登记保存物品处理通知法律文书中不能作出"依据某某法律法规的规定，对先行登记保存的财物予以没收"等表述的处理决定。此种名为《登记保存物品处理通知书》，实为《行政处罚决定书》，构成程序违法，应予避免。建议作出如下表述：登记保存的物品应予以没收，本机关将依照法定程序处理。

2. 查封扣押有哪些必备程序？有哪些注意事项？

依据《行政强制法》《农业行政处罚程序规定》等规定，农业行政处罚机关实施查封、扣押等行政强制措施应当严格履行下列程序：

(1) 实施前，应当书面向农业行政处罚机关负责人报告并经批准。

(2) 由两名以上具备资格的农业行政执法人员实施，并出示执法身份证件。

(3) 通知当事人到场，当场告知实施查封、扣押的依据以及依法享有的权利、救济途径，并听取其陈述和申辩。

(4) 制作查封（扣押）现场笔录，并对现场进行拍摄取证。现场笔录的内容应当包括查封、扣押实施的起止时间和地点等。

(5) 当场清点财物，并制作查封（扣押）决定书、查封（扣押）财物清单，并对现场进行拍摄取证。

(6) 查封（扣押）现场笔录、查封（扣押）财物清单由当事人、农业行政执法人员签名或盖章。当事人拒绝的，在相关文书中予以注明。当事人不到场的，邀请见证人到场，由见证人和农业行政执法人员签名或盖章。

(7) 张贴封条或者采取其他方式，明示农业行政处罚机关已实施查封、扣押措施。

(8) 情况紧急，需要当场实施查封、扣押的，应当在实施后二十四小时内补办批准手续。农业行政处罚机关负责人认为不需要实施查封、扣押的，应当立即解除。

(9) 查封、扣押的期限不得超过三十日；情况复杂的，经本级农业行政处罚机关负责人批准可以延长，但延长期限不得超过三十日。法律、法规另有规定的除外。延长查封、扣押的决定应当及时书面告知当事人，并说明理由。

(10) 农业行政处罚机关应当及时查清事实，在规定的期限内对查封（扣押）物品根据不同情形作出没收、销毁、解除的处理决定。

农业行政执法人员在采取查封、扣押措施时，应注意以下事项：

(1) 注意查封与扣押的选择适用。 查封和扣押作为行政强制措施的种类，都具有对财物暂时性控制的功能，但两者是不同的行政强制措施，不能混淆、混合使用，应注意区别，选择使用。从法律意义上讲，扣押是指对物的所有权能暂时性的剥夺，即对物的占有、使用、收益和处分权能的强行限制，一般由农业行政处罚机关进行控制和保管或者委托第三方进行异地保管。查封是指对物的部分权能暂时性的剥夺，一般情形下，是对使用权能和处分权能的强行限制，仍由当事人对被查封的财物进行保管和控制。

(2) 注意查封与扣押的内容法定。 依据《行政强制法》第二十三条的规定，对查封、扣押对象有"三不得"，即：不得查封、扣押与违法行为无关的场所、设施或者财物；不得查封、扣押公民个人及其所扶养家属的生活必需品；不得重复查封已被其他国家机关依法查封的场所、设施或者财物。同时要注意查封、扣押对象的法定性。如《兽药管理条例》规定可以查封、扣押的对象为有证据证明可能是假、劣兽药的；而《农药管理条例》规定可以查封、扣押的对象为违法生产、经营、使用的农药，以及用于违法生产、经营、使用农药的工具、设备、原材料等，查封的对象还包括违法生产、经营、使用农药的场所。农业行政执法人员在实施查封、扣押相关物品、场所时应注意严格按照法律、法规规定进行。

(3) 注意查封与扣押的物品处理。 依据《行政强制法》第二十七条的规定，对查封、扣押物品的处理有三种情形：没收、销毁、解除。对违法事实清楚的，农业行政处罚机关应根据《行政处罚法》《农业行政处罚程序规定》，在规定期限内作出予以没收的处罚决定；对法律、行政法规规定应当销毁的，农业行政处罚机关在依法没收的非法财物中，按照相关规定进行销毁；对符合《行政强制法》第二十八条规定的情形的，农业行政处罚机关应当在规定期限内制作《解除查封（扣押）决定书》《解除查封（扣押）财物清单》，解除查封（扣押）的财物、场所。需要注意的是，在作出没收决定时，应通过行政处罚的方式进行。

3. 抽样取证样品如何处理？有哪些注意事项？

依据《农业行政处罚程序规定》第四十一条规定，农业行政处罚机关在收集证据时，可以采取抽样取证的方法。通过抽样取证取得的样品，应作如下处理：

(1) 当场填写抽样封条、抽样取证凭证，并由农业行政执法人员、被检测单位负责人签名或者盖章。当事人拒绝签名或者盖章的，应当采取拍照、录像或者其他方式记录抽样取证情况。

(2) 对抽取的样品使用封签当场封样，每个样品封 3 份，一份留存于当事人处，一份留存于农业行政处罚机关，一份送检测机构检测。

(3) 非从生产单位直接抽样取证的，农业行政处罚机关可以向产品标注生产单位发送产品确认通知书，对涉案产品是否为其生产的产品进行确认，并可以要求其在一定期限内提供相关证明材料。

(4) 农业行政处罚机关收到检测报告后，应及时将检测报告送达被检测人，告知检测结果，以及如对检测结果有异议的申诉对象、途径、期限、方式等内容。逾期未提出的，视为承认检测结果。

(5) 农业行政处罚机关若收到复检申请后，经审查，认为有必要复检的，应及时通知复检申请人，并及时组织复检。

(6) 农业行政执法人员发现抽样取证产品为不合格产品，依照法律、法规、规章的相关规定进行立案查处。

农业行政执法人员在采取抽样取证样品时，应注意如下事项：

(1) 抽样取证的方式、标准等有规定的（如兽药、饲料、肥料、种子等），应当按照相关规定进行。

(2) 抽样过程中应当有当事人在场，如拒绝签名或者盖章的，应当采取拍照、录像或者其他方式记录抽样取证情况。

(3) 抽样过程中，应制作相关的办案文书，如抽样取证凭证、现场笔录等。

(4) 送达抽样取证样品进行检验、检测时，应对鉴定人、鉴定机构的资格作必要的审查，以免出具的结论无效。

(5) 检验、检测、鉴定、评估、认定意见应当及时送达当事人，并告知当事人可以在法定时间内提出异议或复检申请。当事人逾期未提出的，则视为当事人承认相关结果。

4. 当事人不配合调查如何处理？

农业行政执法过程中，对当事人不配合调查处理的，应根据不同情形作出不同的处理：

(1) 当事人以谩骂、武力形式拒绝执法检查。执法人员首先应保持冷静、克制，不可与当事人对骂，更不能有其他不当的话语，甚至使用武力。在能保护自身安全的情况下，尽可能向当事人宣传法律，并继续按照法定程序进行相关执法活动，通过全程音像记录固定当事人抗拒检查行为的证据。农业行政执法机关可以依据《食品安全法》第一百三十三条第一款、《农产品质量安全监测管理办法》二十三条、《种子法》第八十六条、《农作物种子质量监督抽查管理办法》第三十七条、《动物防疫法》第一百零八条、《农产品质量安全法》第七十六条等的规定，对拒绝、阻挠执法人员实施监督、检查的当事人给予行政处罚。同时视情况，农业行政执法人员可以依据《治安管理处罚法》第五十条第一款第二项之规定，请求公安机关依法作出治安管理处罚。如果当事人的行为涉嫌构成犯罪，农业行政执法人员可依据《刑法》第二百七十七条的规定，以妨害公务罪请求公安机关进行调查处理。

（2）当事人拒不提供材料。 当事人对农业执法人员的调查，拒绝提供办案所需的合同、账册、发票等资料或提供虚假的材料，可以采取送达《限期提供材料通知书》的形式要求其提供办案所需的材料。发现当事人提供虚假证据材料时，农业行政执法人员可以依据《治安管理处罚法》第六十条第二项的规定，移送公安机关处理。

（3）当事人拒不到场或拒绝在文书中签字确认。 当事人拒不到场或拒绝在文书中签字确认的，农业行政执法人员依据《农业行政处罚程序规定》的相关规定，可以邀请当事人的主管部门、所在地乡（镇）村领导、行业协会、当事人亲属到场见证，并让见证人在执法文书中签名或者盖章，同时执法人员在执法文书中对相关情况进行说明。

（4）当事人拒收行政执法文书。 面对已经生效的行政执法文书，当事人不予理睬、不闻不问、拒不接收的，可以让其成年家属或企业负责收件的有关人员接收。受送达人或者他的同住成年家属拒绝接收行政执法文书的，送达人可以邀请有关基层组织或者其所在单位的代表到场，说明情况，并在送达回证上记明拒收事由和日期，由送达人、见证人签名或者盖章，把行政执法文书留在受送达人的住所；也可以把行政执法文书留在受送达人的住所，并采用拍照、录像等方式记录送达过程，即视为送达。如果直接送达有困难或当事人下落不明，应通过留置送达、委托送达、公告送达的方式送达相关执法文书。

5. 当事人主体身份信息不明确如何处理？

在农业行政执法实践中，当事人主体身份不明确主要是由于当事人拒不提供个人或单位的相关信息，农业行政执法人员也未进行有效核实所导致。遇到这种情况，建议农业行政执法人员作如下处理：

(1) 依据《行政处罚法》第五十五条第二款"当事人或者有关人员应当如实回答询问，并协助调查或者检查，不得拒绝或者阻挠。询问或者检查应当制作笔录"和《农业行政处罚程序规定》第三十三条第三项"农业行政执法人员有权依法采取下列措施：要求当事人或者有关人员在一定的期限内提供有关材料"之规定，向当事人送达《限期提供材料通知书》，要求当事人在限期内提供个人居民身份证、单位营业执照或生产经营许可证明文件。

(2) 由农业行政处罚机关出具《介绍信》等类似证明文件，执法人员凭借公函去当地派出所和户籍中心调取当事人身份信息。如果需要查询单位的信息，则可以去市场监督管理部门申请查询单位的相关信息。上述查询结果，应由相关部门加盖公章，以增强证据的证明力。如果需要查询当事人许可证明信息，建议由农业行政处罚机关出具《协助调查函》，请求相关许可批准机关出具当事人是否取得相关许可证明文件以及许可证明文件的具体内容。

(3) 如果当事人是企业，可以登录国家企业信用信息公示系统（http：//www.gsxt.gov.cn/index.html）进行查询，查询该企业全名、组织机构代码、地址、法定代表人姓名、职务、联系方式等信息内容。如果是非企业的生产经营主体，可以通过天眼查（https：//www.tianyancha.com）进行查询，查询生产主体名称、经营者姓名、住所、联系方式等信息内容。

6. 查明法律事实需要注意哪些事项？

(1) 注意区别客观事实与法律事实。客观事实是不依赖人们的认识的事实真相，法律事实是依照法律程序、被合法证据证明了的案件事实。农业行政处罚机关具体行政行为的依据是法律事实。法律事实与客观事实在理想状态下应该是一致的，但是限于人们的认知能力，二者间总会存在一些偏差。因此，调查取证的目的就是要让法律事实无限地接近于客观事实，以至于还原客观事实。这是我们作出执法决定的核心依据。

（2）注意证明法律事实的证据有效性。 所谓有效性，就是证据必须具备"三性"要求。第一，真实性。证据的真实性，是指证据必须具有能够客观反映案件事实真相的属性，或者说具有客观存在性。第二，关联性。证据的关联性又称证据的相关性，是指证据与案件的待证事实具有一定的关系。第三，合法性。证据的合法性，是指证据的主体、取得证据的程序、方式以及证据的形式必须符合法律的规定。

（3）要注意法律事实的逻辑推导。 法律事实的推导，依赖于案件的查明与办理中对证据事实的查明收集，以及程序方面的取证合法性。实体与程序的统一，使证据事实成为连接个性化实体事实和抽象化法律要素的焦点。在三段式推理过程中，法律规范的大前提，与法律事实的小前提，能否得到可靠结论，需要考虑小前提与大前提连接点的内涵是否能全部包含在大前提内。以经营假农药为例：

①经营假农药的法律规则为：经营假农药由县级以上地方人民政府农业主管部门责令停止经营，没收违法所得、违法经营的农药和用于违法经营的工具、设备等，违法经营的农药货值金额不足1万元的，并处5 000元以上5万元以下罚款，货值金额1万元以上的，并处货值金额5倍以上10倍以下罚款的行政处罚。

②当发生疑似经营假农药案件，需要考虑证据事实符合或者不符合经营假农药的法律规则，即当事人所经营之农药是否符合法律规则中对"假农药"之定义及其他认定情形，经营行为是否符合法律规则中对"经营"之定义等。

③在得到第二条结论后，讨论该法律规则能否适用于该特定案件事实，是否能够产生行政处罚的法律后果。

7. 调查中如何取得其他农业农村部门的协助？

调查是行政执法机关对已经立案处理的案件，为查明案情、收集证据和查获违法行为人而依照法定程序和方式，对违法案件发生的时间、地点、事实、情节、当事人、危害后果及社会影响等问题进行查证核实，并取得相关合法有效证据材料的行为，是搜集事实和获取证据的主要途径。

农业行政处罚机关在办理案件过程中，有时需要其他农业机关协助调查，获取或核实证据资料。常见的协助调查情形包括：（1）向生产经营许可证件载明的核发机关提出协助提供相关证明文件和资料；（2）在办理跨区域的案件时，向异地农业机关提出协助调查有关违法事实或执行行政强制措施等。

《农业行政处罚程序规定》第十九条规定："农业行政处罚机关实施农业行政处罚时，需要其他行政机关协助的，可以向有关机关发送协助函，提出协助请求。农业行政处罚机关在办理跨行政区域案件时，需要其他地区农业行政处罚机关协查的，可以发送协查函。收到协查函的农业行政处罚机关应当予以协助并及时书面告知协查结果。"需要注意的是，办案机关制作《协助调查函》行文要规范、单位名称要准确，并载明协查对象、基本案情、已获取的证据或作出的处罚决定、具体协查要求、回复时间、回复方式、落款时间等，加盖办案机关印章，并附上相关证据材料。

8. 行政处罚与追究刑事法律责任之间如何衔接？

公民、法人或其他组织违反行政管理秩序的行为有可能受到行政处罚，也有可能涉嫌犯罪应予追究刑事责任。由于行政处罚和刑事处罚的实施机关、适用依据、处罚方式、处罚程序等都不相同，行政处罚与刑事处罚之间衔接是否顺畅十分关键。

修订前的《行政处罚法》规定"违法行为构成犯罪的，行政机关必须将案件移送司法机关，依法追究刑事责任，不得以行政处罚代替刑事处罚；行政机关为牟取本单位私利对应当依法移交司法机关追究刑事责任的不移交，以行政处罚代替刑事处罚的，要依法承担法律责任"。该法条明确的虽然是行政处罚与刑事处罚的衔接，但只规定了行政机关对涉嫌犯罪案件的移送义务，并未对行政处罚与刑事处罚的衔接作出具体规定。2021年修订的《行政处罚法》对行刑衔接的规定进行了完善，增加了"对依法不需要追究刑事责任或者免予刑事处罚，但应当给予行政处罚的，司法机关应当及时将案件移送有关行政机关"和"行政处罚实施机关与司法机关之间应当加强协调配合，建立健全案件移送制度，加强证据材料移交、接收衔接，完善案件处埋信息通报机制"的内容，为行政处罚与追究刑事责任的衔接提供了更全面的制度保障。

执法实践中，认定某一违法行为是应当给予行政处罚的一般违法行为，还是已经构成犯罪的严重违法行为，需要把握以下几点：一要看违法情节。例如，无农药经营许可证经营农药，根据《刑法》第二百二十五条的规定，该类违法行为构成犯罪的要件是"情节严重"。二要看危害后果。例如，生产经营假种子，根据《刑法》第一百四十七条的规定，该类违法行为构成犯罪的要件之一是"使生产遭受损失程度"。三要看销售金额。例如，根据《刑法》第一百四十九条的规定，销售伪劣商品只有销售金额在"五万元以上"才构成犯罪。

值得注意的是，行政机关在查处违法行为时，要展开全面调查，依法查清违法事实，收集固定证据，要熟悉刑事案件立案追诉标准，结合案件具体情况审慎判断，合理把握尺度。对依法应当给予追究刑事责任的案件，要制作《涉嫌犯罪案件移送书》，并移送司法机关。《涉嫌犯罪案件移送书》应当附有涉嫌犯罪案件情况调查报告、涉案物品清单、有关检验报告或者鉴定意见及其他有关涉嫌犯罪的全部证据材料。农业行政执法机关在向司法机关移送涉嫌犯罪证据材料时，应当复制并保存相关证据和案卷材料，并抄送同级人民检察院。

9. 货值金额如何认定？

货值金额一般是指当事人违法生产经营的商品的总价值，货值金额的多少关系到当事人的切身利益，同时也是判断违法行为应当给予行政处罚还是追究刑事责任的关键要素。执法实践中，货值金额的认定是案件办理的关键所在，直接关系到案件办理是否正确、合法，亦是处罚裁量选择的重要依据。

农业行政处罚案件中货值金额的认定通常分为三种情况：

(1) 法律法规对货值金额的计算有具体规定。例如，《兽药管理条例》第七十一条明确规定："本条例规定的货值金额以违法生产、经营兽药的标价计算；没有标价的，按照同类兽药的市场价格计算。"

(2) 农业农村部规范性文件对货值金额计算有具体规定。对于法律、法规没有明确规定货值金额计算标准的案件，可以参考农业农村部的相关解释或答复，如农业部办公厅《关于认定种子违法案件中违法所得和货值金额的复函》（农办政函〔2017〕4号）、《关于〈农药管理条例〉中认定"违法所得""货值金额"问题的函》（农办政函〔2018〕52号）等。上述规范性文件，对货值金额认定是统一的，即根据《最高人民法院、最高人民检察院关于办理销售伪劣商品刑事案件具体应用法律若干问题的解释》（法释〔2001〕10号）第二条第三款的规定，货值金额以违法生产、销售的伪劣产品的标价计算；没有标价的，按照同类合格产品的市场中间价格计算；货值金额难以确定的，按照国家计划委员会、最高人民法院、最高人民检察院、公安部1997年4月22日联合发布的《扣押、追缴、没收物品估价管理办法》的规定，委托指定的估价机构确定。值得注意的是，计算货值金额时有两个要点，"数量、标价"应当有充分的证据证明。执法人员在调查取证时，应当查阅、复制与违法行为相关的发票、台账，收集价格标签、进货凭证、销售凭证等书面凭据，还应对当事人进行询问，收集其他相关的证人证言加以证明涉案产品的数量、价格。

(3) 法律、法规、规范性文件都没有具体规定。农业执法实践中，部分违法产品货值金额的计算在法律、法规（如《饲料和饲料添加剂管理条例》）和农业农村部的规范性文件中都没有具体规定。对此，本书认为可以直接适用《产品质量法》第七十二条和《最高人民法院、最高人民检察院关于办理销售伪劣商品刑事案件具体应用法律若干问题的解释》（法释〔2001〕10号）第二条第三款的规定计算货值金额。因为《产品质量法》《最高人民法院、最高人民检察院关于办理销售伪劣商品刑事案件具体应用法律若干问题的解释》相较其他的单行法规定而言，具有基础性、一般性地位，在其他特殊产品领域没有特别规定的情况下，其货值金额的计算可以适用上述规定。

10. 行政执法"三项制度"在农业行政执法中有哪些具体要求？

行政执法"三项制度"，即行政执法公示制度、行政执法全过程记录制度、重大执法决定法制审核制度。依据《行政处罚法》《农业行政处罚程序规定》的相关规定，农业行政执法中应严格执行"三项制度"，具体要求为：

(1) 行政执法公示制度。该制度是指农业行政处罚机关通过一定载体，在行政处罚事前、事中、事后阶段，按照"谁处罚谁公示"原则，及时、主动向行政相对人和社会公示有关行政处罚信息，充分保障行政相对人和社会公众的知情权、参与权和监督权。具体要求包括：一是及时主动公开职责权限、实施程序、救济渠道、执法人员等信息；二是农业行政执法人员在调查、询问、现场检查、勘验时，主动向当事人或者有关人员出示执法证件；三是农业行政处罚机关在作出行政处罚决定之前，应当告知当事人拟作出行政处罚的内容、事实、理由及依据，并告知当事人依法享有的陈述、申辩、要求听证等权利；四是农业行政处罚机关依照法律、行政法规规定利用电子技术监控设备收集、固定违法事实的，应当经过法制和技术审核，确保电子技术监控设备符合标准、设置合理、标志明显，设置地点应当向社会公布；五是具有一定社会影响的行政处罚决定应当依法公开；六是公开的行政处罚决定被依法变更、撤销、确认违法或者确认无效的，应当在 3 日内撤回相关信息并公开说明理由；七是对涉及国家秘密、商业秘密、个人隐私等不宜公开的信息，应当依法予以保密。

(2) 行政执法全过程记录制度。该制度是指农业行政处罚机关应当依法以文字、音像等形式，对行政处罚的启动、调查取证、审核、决定、送达、执行等进行全过程记录，归档保存。在农业行政执法实践中需重点把握以下几点：一是规范文字记录。农业行政执法文书作为执法全过程记录的基本形式，是用以证明行政执法行为合法性和适当性的基础支撑。执法过程中制作的证据，如询问笔录、现场检查笔录、勘验笔录等，必须做到文字记录规范，并根据执法行为的种类、性质、流程等规范执法文书的制作。二是注重音像记录。音像记录作为行政执法全过程记录的重要形式，对现场检查、随机抽查、调查取证、证据保全、听证、行政强制、法律文书送达等容易引发争议的行政执法过程，具有重要意义。对直接涉及人身自由、生命健康、重大财产权益的现场执法活动和执法场所，必须进行全过程音像记录。

(3) 重大执法决定法制审核制度。该制度是指农业行政处罚机关在作出农业行政处罚决定前，由农业行政执法机构向法制审核机构报送重大行政处罚决定，由法制监督机构、法制审核人员对该重大行政处罚决定进行合法性与合理性的审查。重大行政处罚决定法制审核制度的适用，应重点把握以下几点：一是法制审核的时间节点。法制审核必须在作出行政处罚决定之前进行，禁止事后补办。二是法制审核的责任主体。《农业行政处罚程序规定》第五十条第二款、第三款明确规定，农业行政处罚法制审核由农业行政处罚机关的法制机构负责，未设置法制机构的，由农业行政处罚机关确定的承担法制审核工作的其他机构或者专门人员负责。农业行政处罚机关中初次从事行政处罚决定法制审核的人员，应当通过国家统一法律职业资格考试取得法律职业资格。这里的"初次从事行政处罚决定法制审核的人员"，是指2017年修订的《行政处罚法》自2018年1月1日实施以来，行政机关中第一次从事行政处罚决定法制审核的人员；2018年1月1日以前已经在行政机关从事行政处罚决定法制审核，但未取得法律职业资格的人员，可继续从事法制审核工作。三是法制审核的适用情形。《农业行政处罚程序规定》第五十条第一款规定了下列几类情形：涉及重大公共利益的；直接关系当事人或者第三人重大权益，经过听证程序的；案件情况疑难复杂、涉及多个法律关系的；法律、法规规定应当进行法制审核的其他情形。四是法制审核的具体内容。《农业行政处罚程序规定》第五十一条第一款规定了审核的具体内容，包括：本机关是否具有管辖权；程序是否合法；案件事实是否清楚，证据是否确实、充分；定性是否准确；适用法律依据是否正确；当事人基本情况是否清楚；处理意见是否适当；其他应当审核的内容。

11. 农业行政执法人员有权依法采取哪些措施调查取证？

依据《农业行政处罚程序规定》第三十三条的规定，农业行政执法人员有权依法采取下列措施调查取证：①查阅、复制书证和其他有关材料；②询问当事人或者其他与案件有关的单位和个人；③要求当事人或者有关人员在一定的期限内提供有关材料；④采取现场检查、勘验、抽样、检验、检测、鉴定、评估、认定、录音、拍照、录像、调取现场及周边监控设备电子数据等方式进行调查取证；⑤对涉案的场所、设施或者财物依法实施查封、扣押等行政强制措施；⑥责令被检查单位或者个人停止违法行为，履行法定义务；⑦其他法律、法规、规章规定的措施。

12. 农业行政处罚证据包括哪些类型?

依据《农业行政处罚程序规定》第三十四条第一款的规定，农业行政处罚证据包括：

(1) 书证。是指用文字、符号或图画所表达的思想内容来证明违法行为相关事实的证据。书证具有书面的形式，其所记载或者表达的内容与违法事实相关联。作为书证，需同时满足两个条件：首先，书证必须是能够记载或表达一定思想内容的物品，并且该思想内容按照通常的标准能够为人们认识和理解，并可以借此发现案件的信息；其次，作为书证所记载或表达的思想内容必须与待证的案件事实有关联，能够对案件事实起到证明作用。在农业行政处罚案件中，书证的表现形式主要有营业执照、身份证、名片、授权委托书、合同协议、购销票据、会计账簿、生产、购买和销售记录、出入库凭证、货运单、产品标签、产品许可信息、情况说明、照片等。

(2) 物证。是指以存在形式、外部特征、内在属性证明案件真实情况的物品或痕迹。物证具有较强的客观性、特定性和不可替代性。通常情况下，物证应当为原物。这里需要注意与书证的区别，书证以其内容来证明案件事实，而物证是以其属性和外观特征来证明案件的事实。在农业行政处罚案件中，物证主要包括违法生产中使用的机器设备、原料、辅料、包装袋、标签、违法产品等。

(3) 视听资料。是指以录音、拍照、摄像等方式记录声音、图像、影像来反映案件情况的资料。视听资料具有一定的准确性和直观性，如用录音机录制的音响、语言；用录像机录取的人物形象及其活动；用照相机拍摄的照片等。在农业行政处罚案件中，视听资料主要是对违法场所、物品等检查活动方式的记录。

(4)电子数据。是指通过电子邮件、电子数据交换、网上聊天记录、微博、短信、电子签名等存储在服务器或者电子介质中的信息。电子数据高度依赖科技水平和信息化技术，在证据中发挥着越来越重要的作用。在农业行政处罚案件中，电子数据包括涉农企业的审批网上公告信息，涉案产品在网上发布的登记、许可、生产经营情况等，通过电子银行的汇款，电子方式的财务资料，以传真、电子邮件、微信等方式进行的违法生产经营活动，软件管理的进销台账等。

(5)证人证言。是指证人就自己所知道的涉及违法行为的情况向行政机关所作的口头或书面陈述。凡是知道案件情况，可以作真实表述的人，都可以成为证人。在农业行政处罚案件中，主要运用于某些具体环节，如调查取证、送达等。证人是与案件没有直接利害关系而知道某些案件情况的当事人以外的第三人。

(6)当事人的陈述。是指当事人向行政机关陈述有关违法行为的事实和理由。当事人陈述是保障当事人权利的重要手段，同时也是证明案件事实的重要方式。在农业行政处罚案件中，主要表现形式是当事人对违法行为的供认、辩解；当事人的陈述、申辩的内容（包括案件事实陈述，案件处理意见、证据分析和法律适用辩解，程序建议等）。

(7)鉴定意见。是指鉴定人受人委托或者指派，运用专业知识和科学技术，对行政处罚实施中涉及的专门性的事实问题进行鉴别判断并出具的意见。在农业行政处罚案件中，主要表现形式是检验报告、产品鉴定结论、农业生产损失认定报告、物价认证报告等。

(8)现场笔录。是指农业行政执法人员在实施行政处罚过程中当场制作的有关违法行为事实或者当场处罚情况的记录。现场笔录记录的内容是正在发生或者刚刚发生的现场情况，在一些情况下，如果不及时制作现场笔录，事后取证会很困难。现场笔录应当载明时间、地点、事件等内容，并由执法人员和当事人签名。

(9)勘验笔录。是指农业行政执法人员对有关物体或者场所进行现场勘验，并用文字记载或者拍照、绘图等方式所作的记录。勘验笔录能起到保全固定证据的作用，也能为发现线索、判明情况提供依据，还能为鉴定提供材料。

13. 如何依法收集、调取电子数据？

在网络技术发达的今天，手机短信、微信、电子邮件、电子文档等逐步改变了人们的生产、生活和交易习惯，这些电子介质信息应运而生成为民事纠纷和行政案件新的证据形态。因此，收集、调取电子数据证据将成为农业行政执法的重要取证方式。《农业行政处罚程序规定》就农业执法机关收集、调取电子数据证据作出了规定，具体要求如下：

(1) 农业行政处罚机关对立案的农业违法行为，必须全面、客观、公正地调查，收集有关证据；必要时，按照法律、法规的规定，可以进行检查。执法人员在调查或者收集证据、进行检查时，不得少于两人。当事人或者有关人员有权要求执法人员出示执法证件。执法人员不出示执法证件的，当事人或者有关人员有权拒绝接受调查或者检查。

(2) 收集、调取的电子数据应当是有关数据的原始载体。收集电子数据原始载体确有困难的，可以采用以下方式取证，并注明制作方法、制作时间、制作人等：①拷贝复制。执法人员可以将涉嫌违法的电子文件拷贝到 U 盘或刻录到光盘等存储设备，复制之前应当确认存储设备完好且没有数据，复制之后应当及时检查复制文件的质量，防止复制失败或被病毒感染，同时要现场封存好复制件。案件当事人拒绝对复制的电子数据证据核对确认，执法人员应当注明原因，必要时可邀请与案件无关的第三方人员进行见证。②委托分析。对较复杂的电子数据或者遇到数据被删除、篡改等执法人员难以解决的情况，可以委托具有资质的第三方电子证据鉴定机构或司法部门进行检验分析。委托专业机构或司法部门分析时，执法人员应填写委托书，同时提交封存的存储设备或相关设备清单，受委托机构按规定程序和要求分析设备中包含的电子数据，提取与案件相关的电子数据，并制作鉴定结论。③书式固定。对电子介质中的文字、符号、图画等有证据效力的文件，可以将有关内容进行打印，按书面证据进行固定。书式固定应注明证据来源并保持其完整性。④拍照录像。如果电子证据中含有动态文字、图像、声音、视频或者需要专门软件才能显示的内容，可以采用拍照、录音或摄像方法，将其转化为视听资料证据。

（3）可以利用互联网信息系统或者设备收集、固定违法行为证据。用来收集、固定违法行为证据的互联网信息系统或者设备应当符合相关规定，保证所收集、固定电子数据的真实性、完整性。

（4）可以指派或者聘请具有专门知识的人员或者专业机构，辅助农业行政执法人员对与案件有关的电子数据①进行调查取证。

14. 农业行政执法人员如何询问证人或者当事人？如何制作询问笔录？

询问是指农业行政执法机关为收集证据、查明案情、发现线索，依法向案件当事人或者有关人员了解案情的一种调查活动。通过询问可以查明违法行为发生的时间、地点、经过、采取的手段和方法，涉及的物品名称、种类、数量、金额和违法性质，以及当事人的基本情况等。询问是查明违法行为全过程的主要方法，同时也是执法办案的法定程序，经过查证的询问笔录是认定违法事实的重要证据。因此，农业行政执法人员在询问

---

① 注：《最高人民法院关于民事诉讼证据的若干规定》（法释〔2019〕19号）第十四条规定，电子数据包括下列信息、电子文件：
（一）网页、博客、微博客等网络平台发布的信息；
（二）手机短信、电子邮件、即时通信、通讯群组等网络应用服务的通信信息；
（三）用户注册信息、身份认证信息、电子交易记录、通信记录、登录日志等信息；
（四）文档、图片、音频、视频、数字证书、计算机程序等电子文件；
（五）其他以数字化形式存储、处理、传输的能够证明案件事实的信息。

当事人或证人时，应当注意以下几个方面：

（1）执法人员在询问前要充分了解案情，围绕已经掌握的线索或事实，抓住核心问题制作询问提纲，有条不紊地进行询问。

（2）根据当事人或证人的年龄、身份、性别、文化程度和社会关系以及不同询问场合，采取正面出击直奔主题、旁敲侧击迂回探询或者随机应变深挖细节等方法进行询问。询问多人时应当分别进行，防止串供作伪证。

（3）询问时要注意他们的面部表情、行为动作和情绪变化，观察对哪些问题比较敏感或刻意回避。询问过程中还须尽力去发现和收集其他证据，查明违法行为的当事人是否存在主观故意，并与掌握的物证进行核实，还可以对相关证件和手续进行验证，如许可证件、营业执照、身份证和货物清单等。

（4）询问时一般应先让当事人或证人就他所知道的情况作连续的详细叙述，并问明所叙述的事实的来源，然后根据其叙述结合违法行为中应当判明的事实和有关情节，向当事人或证人提出问题，让其回答，不能作诱导性提示，必要时可以录音，确保取证合法、证言有效。

（5）如被询问证人为不满18岁的未成年人，可以通知其法定代理人到场。询问的地点也可以选择未成年人所熟悉和习惯的场所。这样有利于保护未成年人的权益，减少其思想顾虑，消除其心理压力，达到询问的目的。询问聋、哑证人，应当有通晓聋、哑手势的人作翻译，并将这种情况记入笔录。询问不通晓当地语言文字的人、外国人，应当为其聘请翻译。

依据《农业行政处罚程序规定》第三十八条的规定，农业行政执法人员询问证人或者当事人，应当个别进行，并制作询问笔录。询问笔录有差错、遗漏的，应当允许被询问人更正或者补充。更正或者补充的部分应当由被询问人以签名、盖章或者按指纹等方式确认。询问笔录经被询问人核对无误后，由被询问人在笔录上以逐页签名、盖章或者按指纹等方式确认。农业行政执法人员应当在笔录上签名。被询问人拒绝签名、盖章或者按指纹的，由农业行政执法人员在笔录上注明情况。

15. 哪些情形应当中止调查？

农业行政执法机关需要经过一系列的调查程序，以足够的证据证明违法事实的存在而给予相应的行政处罚决定。调查过程中也会存在中止的情况，中止调查就是指执法人员在办案过程中，遇到影响案件正常调查需要中止调查的情形。《农业行政处罚程序规定》第四十八条规定："有下列情形之一的，经农业行政处罚机关负责人批准，中止案件调查，并制作案件中止调查决定书：（一）行政处罚决定必须以相关案件的裁判结果或者其他行政决定为依据，而相关案件尚未审结或者其他行政决定尚未作出；（二）涉及法律适用等问题，需要送请有权机关作出解释或者确认；（三）因不可抗力致使案件暂时无法调查；（四）因当事人下落不明致使案件暂时无法调查；（五）其他应当中止调查的情形。中止调查的原因消除后，应当立即恢复案件调查。"

16. 农业行政处罚的委托如何实施？

行政处罚的委托实施，是指行政机关根据法律、法规、规章的规定，在其法定权限内委托具备一定条件的社会组织实施行政处罚。《行政处罚法》第二十一条规定："受委托组织必须符合以下条件：（一）依法成立并具有管理公共事务职能；（二）有熟悉有关法律、法规、规章和业务并取得行政执法资格的工作人员；（三）需要进行技术检查或者技术鉴定的，应当有条件组织进行相应的技术检查或者技术鉴定。"此外，规定行政机关不得委托其他组织或者个人实施行政处罚。委托实施行政处罚应当制作委托书，载明委托的具体事项、权限、期限等内容。委托行政机关和受委托组织应当将委托书向社会公布。委托行政机关对受委托组织实施行政处罚的行为应当负责监督，并对该行为的后果承担法律责任。受委托组织在委托范围内，以委托行政机关名义实施行政处罚；不得再委托其他组织或者个人实施行政处罚。

随着农业综合行政执法改革的深入推进，各地按照要求成立了农业综合行政执法机构，承担着农业行政处罚工作。因此，依据《行政处罚法》关于行政处罚委托实施的规定，《农业行政处罚程序规定》明确要求，县级以上地方人民政府农业农村主管部门内设或所属的农业综合行政执法机构承担并集中行使行政处罚以及与行政处罚有关的行政强制、行政检查职能，以农业农村主管部门名义统一执法。农业农村主管部门依法设立的派出执法机构，应当在派出部门确定的权限范围内以派出部门的名义实施行政处罚。农业农村主管部门负责监督本部门农业综合行政执法机构或者派出执法机构实施的行政处罚。

17. 农业行政执法人员调查处理农业行政处罚案件有什么资格和着装要求？

依据《农业行政处罚程序规定》，农业行政处罚应当由具有行政执法资格的农业行政执法人员实施。农业行政执法人员不得少于两人，法律另有规定的除外。农业行政执法人员调查处理农业行政处罚案件时，应当主动向当事人或者有关人员出示行政执法证件，并按规定着装和佩戴执法标志。

18. 农业行政执法人员如何对与案件有关的物品或者场所进行现场检查或者勘验？

农业行政执法人员对与案件有关的物品或者场所进行现场检查和勘验都是农业行政执法检查行为，是查处违法案件的基础性工作，目的是发现、固定、提取与违法行为有关的证据和其他信息，制作和储存现场信息资料，是重现违法行为过程、判断案件性质的"第一手资料"。现场检查是执法人员依法对与违法事实有关的场所、物品、账簿等进行的检查和围绕现场有关人员进行询问。现场勘验是对在检查过程中发现的与案件有关的现场、物品、痕迹等所作的勘察、测量、绘图、拍照等记录工作。依据《农业行政处罚程序规定》相关规定，农业行政执法人员对与案件有关的物品或者场所进行现场检查或者勘验，应当通知当事人到场，制作现场检查笔录或者勘验笔录，必要时可以采取拍照、录像或者其他方式记录现场情况。当事人拒不到场、无法找到当事人或者当事人拒绝签名或盖章的，农业行政执法人员应当在笔录中注明，并可以请在场的其他人员见证。

勘验笔录和现场笔录是农业行政处罚的重要证据，制作时需要注意以下几点：①农业行政执法人员进行检查或者勘验时，不得少于两人，执法人员应当主动出示执法证件。②现场检查（勘验）笔录应当对所检查的物品名称、数量、包装形式、规格或者所勘验的现场具体地点、范围、状况等作全面、客观、准确的记录。需要绘制勘验图的，可另附纸。③现场绘制的勘验图、拍摄的照片和摄像、录音等资料，应当在笔录中注明。④当事人到场的，现场检查（勘验）笔录应当经当事人核对无误后，在笔录上以逐页签名、盖章或者按指纹等方式确认，农业行政执法人员应当在笔录上逐页签名。当事人拒不到场，无法找到当事人或者当事人拒绝签名、盖章或者按指纹的，由农业行政执法人员在笔录上注明情况，并可以请在场的见证人在笔录上逐页签名。

第四章 案件审查

1. 如何对行政处罚相对人的基本信息进行审查?

审查行政处罚相对人的主体资格。农业行政处罚案件中的行政处罚相对人,即农业违法行为的实施主体,是指违反农业法律、法规和规章所规定的农业行政管理秩序的自然人、法人或其他组织。行政处罚相对人包括以下三类:

(1)自然人。指作为行政处罚对象的中国人、外国人、无国籍人。有字号的个体工商户以字号作为行政处罚相对人。

(2)法人。指依法成立的,有自己的名称、组织机构、住所、财产或经费,能够以自己的名义从事法律行为并承担法律责任的社会组织。包括在中国取得法人资格的各类企、事业单位。

(3)其他组织。指经有关主管机关认可,准许其成立和进行某种业务活动,但没有取得法人资格的组织,包括个人独资企业、合伙企业、不具有法人资格的专业服务机构等。

对农业行政处罚相对人的审查首先应确认被处罚对象的基本信息,保证违法对象与受罚对象的一致性,即保证不能罚错人。具体而言,需要审查的信息包括:

(1)自然人。应核对个人姓名、性别、年龄、住址、联系电话等,尤其应当注意核对其身份证号码。

（2）**法人。**应核对法人的名称、地址、营业执照以及其法定代表人姓名、身份证号码、联系电话等。

（3）**其他组织。**应当核对其名称、统一社会信用代码（注册码）、经营地址、主要负责人姓名及身份证号码、联系电话等基本信息。

审查行政处罚相对人是否适格。审查行政处罚相对人是否适格，即审查其是否具有责任能力，同时也审查与其责任能力相关的一切资料和因素，对于自然人和法人与非法人组织有不同的审查标准。具体而言：

（1）**自然人。**主要审查其是否为完全民事行为能力人，无民事行为能力人不得作为行政处罚对象，限制民事行为能力人是否应受行政处罚依具体情节而定。根据《行政处罚法》第三十至三十一条的规定，不满十四周岁的未成年人有违法行为的，不予行政处罚，责令监护人加以管教；精神病人、智力残疾人在不能辨认或者不能控制自己行为时有违法行为的，不予行政处罚，但应当责令其监护人严加看管和治疗。

（2）**法人和其他组织。**主要审查其是否已经注册登记，是否具备相关证照，因为不具备法人资格或者非法人组织资格的，其违法行为的法律责任应由其主要负责人和相关直接责任人承担。需要注意的是，对相关被处罚对象，如个体工商户、分支机构、加工中心等的认定，不能只看其名称，而要通过审查其登记材料，判断其是否适格。

2. 如何对已查明的违法事实进行审查？

对违法事实的审查是指对行政相对人违反农业法律、法规和规章的客观事实的审查，包括违法时间、违法地点、违法行为特征等，应对各项违法信息的真实性与准确性重点把握。

（1）**违法事实发生的时间。**违法事实发生的时间包括违法行为发生的时间和持续的时间。首先，违法行为的时间可以帮助确定违法行为发生的时间背景，在一定情况下还可以帮助确定是否违法。例如，《渔业法》规定，禁止在禁渔期进行捕捞，捕捞行为如果发生在禁渔期才是违法行为，要进行处罚，而不在禁渔期则不构成违法行为。其次，违法行为的时间关系到从何时开始起算处罚追诉时效。例如，《行政处罚法》第三十六条规定，违法行为在二年内未被发现的，不再给予行政处罚，期限从违法行为发生之日起计算；如果违法行为存在持续状态，根据《行政处罚法》第三十六条的规定，违法行为有连续或者继续状态的，从行为终了之日起计算。最后，发生和持续的时间也可以帮助确定违法行为的情节轻重，违法行为持续时间长或者是多次发生，与持续时间短暂或偶犯在情节上显然是不一样的，这会影响到最后的法律适用和最终的处罚结果。

（2）违法事实发生的地点。违法事实发生的地点包括违法行为的发生地、经过地、结束地和影响区域等。违法行为的地点可以帮助确定违法行为的空间背景，还可以区分违法行为的危害大小。例如，《渔业法》规定禁止在禁渔区进行捕捞，捕捞行为如果发生在禁渔区才是违法行为，要进行处罚，而不在禁渔区则不构成违法。违法行为的地点还与管辖密切相关，如果违法行为涉及不同的几个地方，则会存在几个地方的主管机关都有管辖权的情况。

（3）违法行为的特征。违法行为的特征包括如下方面：当事人的行为是作为还是不作为；是一个行为还是多个行为；行为的表现方式、手段是什么，具体经过如何；如果是作为，那么违法行为处于何种阶段，是准备、开始还是完成；行为是一人行为还是共同行为，如果是共同行为，当事人在其中是起主要作用还是起次要作用；是偶然行为还是经常行为；当事人的行为是否构成法律、法规和规章规定的事实要件等。不同的行为特征构成了不同违法行为的定性情节和裁量情节，必然导致不同的定性和不同的处罚，因此必须认真审查。

（4）违法行为的后果是否存在以及存在的具体状况。执法人员应当查明违法后果是否存在以及存在的具体情况。一方面，没有违法后果或者是违法后果轻微，可能会被免予处罚；另一方面，违法后果的具体情况如造成损失的大小，往往直接关系到侵权赔偿数额的大小。因此违法后果的情况需要认真确定。

(5) 违法行为与后果之间是否存在因果关系。实践中，违法后果可能是由其他主体行为或者是由于其他原因引起的。如受保护的渔业资源遭到破坏可能是由于炸鱼、电鱼等违法行为引起，也可能是由于环境污染造成的，也可能同时存在。

(6) 行政相对人的主观状态。行政相对人的主观状态包括主观上是否有过错，是故意还是过失，是否有法定情节来证明或者推定该主观状态等情况。违法行为人有悔改之心，在违法后果没发生之前积极采取措施防止危害后果的发生的，或者危害后果轻微并积极采取措施纠正的，或者事发后采取措施防止损失进一步扩大的，对于前两种情形应当从轻、减轻或免予处罚，而对于最后一种则可以酌情从轻处罚。

(7) 违法行为是否具有构成犯罪或者从轻、减轻或免予处罚的情形。一方面，行为违反农业法律、法规和规章的规定并且情节严重构成犯罪的，应依法追究刑事责任。另一方面，需审查违法行为是否有法定的从轻、减轻或者免于处罚的情形，违法行为及违法后果是否轻微并及时纠正。根据《行政处罚法》第三十二条的规定，违法行为人具有以下情形之一的，应当从轻或者减轻行政处罚：主动消除或者减轻违法行为危害后果的；受他人胁迫或者诱骗实施违法行为的；主动供述行政机关尚未掌握的违法行为的；配合行政机关查处违法行为有立功表现的；其他依法从轻或者减轻行政处罚的，应当依法从轻或者减轻行政处罚。《行政处罚法》第三十条还规定，已满十四周岁不满十八周岁的人有违法行为的，应当从轻或者减轻行政处罚。另外，不满十四周岁的人有违法行为的，不予行政处罚，责令监护人加以管教；违法行为轻微并及时纠正，没有造成危害后果的不予行政处罚；初次违法且危害后果轻微并及时改正的，可以不予行政处罚。

3. 如何对证据进行审查?

一是根据证据的特性进行审查。作为认定案件事实的根据，证据应能反映案件真实情况、与待证事实相关联、来源和形式符合法律规定，按照通常理解，应具有客观性、关联性、合法性三个特征。

(1) 客观性。审查证据必须以证据客观性为标准，即证据的事实内容和材料必须是客观的，而不是主观臆想或猜测的。证据的客观性主要强调证据的真实性，证据必须经过查证属实才能作为定案依据。具体应当审查：证据形成的原因；发现证据时的客观环境；证据是否为原件、原物，复制件、复制品与原件、原物是否相符；提供证据的人或者证人与当事人是否具有利害关系及影响证据真实性的其他因素等。

(2) 关联性。关联性是指证据必须同证明对象之间存在某种内在联系，能够说明证明对象的真实情况，或者由于这些材料的存在，使证明对象的真实与虚假比在没有这些材料的情况下更为清楚。关联性是事实材料作为证据的必要条件，不具有关联性的证据材料应当予以排除。具体应当审查：证据与案件的关系，是直接关系还是间接关系；证据与证据的关系，证据与证据能否相互印证，能否形成证据链等。

(3) 合法性。合法性是指证据的形式和收集审查行为必须符合法律的要求。首先，证据的种类必须符合法律法规的要求。《行政处罚法》规定的证据形式有八种，即当事人的陈述、书证、物证、视听资料、电子数据、证人证言、鉴定意见和勘验笔录。其次，证据的收集审查行为必须符合法律、法规、规章和司法解释的规定，现行立法对执法人员数量、收集程序等皆有具体要求，如执法人员是否表明身份情况、应当说明理由的是否说明、应当回避的是否回避等，非法取得的证据不得作为定案依据。

二是根据证据的种类进行审查。

(1) 书证。 其一，书证应当是原件，原本、正本和副本皆可。提供原件确有困难的，可以提供与原件核对无误的复印件、照片、节录本。书证有更改或者更改迹象不能作出合理解释的，或者书证的副本、复制件不能反映书证原件及其内容的，不能作为证据使用。其二，提供由有关部门保管的书证原件的复制件、影印件或者抄录件的，应当注明出处，经保管部门校对无异后加盖其印章。其三，提供报表、图纸、会计账册、专业技术资料、科技文献等书证的，应当附有说明材料。其四，法律、法规、规章和司法解释对书证的制作形式另有规定的，从其规定。

(2) 物证。 其一，物证应为原物。调取原物确有困难的，可以调取与原物核对无误的复制件或者证明该物证的照片、录像等其他证据。其二，原物为数量较多的种类物的，可提取样本，并对种类物依法采取措施，如实施证据登记保存，依法查封、扣押等。

(3) 视听资料。 其一，应提供原始载体，若确有困难，可以提供复制件。其二，应注明制作方法、制作时间、制作人和证明对象等。其三，声音资料应当附有该声音内容的文字记录。

(4) 电子数据。 其一，应提供原始数据载体，无法提取电子数据原始载体或者提取确有困难的，可以提供复制件，但必须附有不能或难以提取原始载体的原因、复制过程以及原始载体存放地点或者电子数据网络地址的说明，并由复制件制作人和原始电子数据持有人签名或者盖章，或者以公证等其他有效形式证明电子数据与原始载体的一致性和完整性。其二，收集电子数据应当依法制作笔录，详细记载取证的参与人员、技术方法、步骤和过程，记录收集对象的事项名称、内容、规格、类别以及时间、地点等，或者将收集电子数据的过程拍照或录像。其三，收集的电子数据应当使用光盘或者其他数字存储介质备份。行政机关为取证人时，应当妥善保存至少一份封存状态的电子数据备份件。其四，提供通过技术手段恢复或者破解与案件有关的光盘或者其他数字存储介质、电子设备中被删除的数据、隐藏或者加密的电子数据，必须附有恢复或破解对象、过程、方法和结果的专业说明。

（5）证人证言。其一，在形式上，应写明证人的姓名、年龄、性别、职业、住址等基本情况，注明出具日期，并有证人的签名，不能签名的，应当以按手印、盖章等方式证明。证据后应附有居民身份证复印件等证明证人身份的文件。其二，在证人资格方面，生理或精神上具有缺陷或年幼，不能辨别是非、不能正确表达的人，不能作为证人，其陈述内容不得作为定案依据。

（6）当事人陈述。行政处罚所依据的询问、陈述、谈话类笔录，应当有行政执法人员、被询问人、陈述人、谈话人签名或者盖章，并注明以上记录已核对属实。

（7）鉴定意见。鉴定意见应当载明委托人和委托鉴定的事项、向鉴定部门提交的相关材料、鉴定的依据和使用的科学技术手段、鉴定部门和鉴定人鉴定资格的说明，并应有鉴定人的签名和鉴定部门的盖章。通过分析获得的鉴定意见，应当说明分析过程。

（8）勘验笔录。勘验笔录应当载明时间、地点和事件等内容，写明勘验过程，并由执法人员、当事人或者见证人签名。

（9）现场笔录。现场笔录应当载明时间、地点和事件等内容，并由执法人员和当事人签名。当事人拒绝签名或者不能签名的，应当注明原因。有其他人在现场的，可由其他人签名。法律、法规和规章对现场笔录的制作形式另有规定的，从其规定。

4. 如何判断执法程序是否规范?

执法程序的规范化是依法行政的基本要求。对执法程序的审查与把握，应从以下几方面入手：

（1）对管辖权限的审查。该问题的审查关键在于审查本机关是否具有管辖权，包括农业农村部门内部与外部的管辖权两方面。从农业农村部门内部来说，主要应从级别管辖和地域管辖两方面入手，审查是否存在多个管辖权或应当移送管辖的情形；从农业农村部门外部来说，应根据行政组织立法及三定方案等文件，确定本部门与市场监管、生态环境等部门间的职责划分，如非农业农村部门职责范围内的案件，则应当及时移送。

(2) 对程序选择的审查。 审查案件应当适用简易程序还是一般程序。除《行政处罚法》规定的可以当场作出处罚决定的情形外，行政机关发现公民、法人或者其他组织有依法应当给予行政处罚的行为的，必须全面、客观、公正地采用普通程序进行调查。

(3) 对法律适用的审查。 审查处理案件时所适用的法律、法规是否正确，包括法律、法规的出台时间，新旧法的替换与溯及力等问题。

(4) 对执法人员的审查。 在人数上，执法人员不得少于两位；在调查环节，审查执法人员是否存在应当回避而未回避的情形、是否具备执法资格、是否向当事人出示了执法证件。

(5) 对执法期限的审查。 行政执法程序应当符合法律、法规规定的期限要求。《行政处罚法》及《农业行政处罚程序规定》规定了管辖争议协商、处罚决定告知、立案、听证、存档等时间的期限，案件审查时应当严格遵循法律、法规的规定，不得超期办案。

(6) 对货物信息的审查。 对涉案货物的数量、货值金额、违法所得进行审查，并对涉案货物上游来源、经销商，下游的货物去向、使用去向进行审查。

(7) 对案件办理程序的审查。 案件办理应当符合《行政处罚法》和《农业行政处罚程序规定》规定的立案、调查、处理等程序。重点审查是否遗漏程序，是否存在明显的程序倒置，内部审批类文书的审批意见是否明确具体，是否无签名、无意见或无日期等情形。

(8) 对文书制作的审查。 执法中的文书制作与使用应注重格式和内容的规范性。在格式填写规范上，文字设定的栏目应当填写完整、无随意修改，不需要填写的栏目或者空白处用斜线划去；引用法律、法规、规章和规范性文件须书写全称并加书名号；印章正确印盖，当事人签字完整。在内容上，案件信息应当完整；当事人信息、日期前后对应并符合法律要求；法律适用正确；新法生效后，需要引用旧法的，需注明。在逻辑上，结构层次序数、数字、标点符号、计量单位使用正确。

5. 如何判断违法行为轻微?

修订后的《行政处罚法》《农业行政处罚程序规定》等法律法规增加了"违法行为轻微并及时改正，没有造成危害后果的，不予行政处罚"之内容。之所以这样规定，是因为行政执法的价值绝不是"为罚而罚"，而是要在实质上达到预防违法的实际效果。一定程度上，通过"柔性执法"对轻微违法者进行说服教育，同样能起到防止和减少严重违法行为、降低社会危害性的作用。因此，对于"违法行为轻微"的判断成为审核中一个很重要的问题，但是也要遵循法条中列举的条件。具体而言：

（1）违法行为轻微。 法律、法规本身没有对"违法行为轻微"进行概念界定和情形列举，因此行政执法机关的自由裁量权较大，但为防止裁量权的过度使用，行政执法机关一般需要从违法行为人的过错程度，违法行为的危害对象、手段方式、规模、涉案金额、持续时间、发生次数、社会危害程度、社会影响等多个方面进行综合考虑。

（2）补救态度积极。 法律、法规要求违法行为人已经及时进行改正，以保障公共利益和经济社会秩序。"及时"的内涵在于违法行为人在实施违法行为之后、尚未造成危害后果之前及时采取纠正措施，防止了危害后果的发生。如果危害后果已经发生或者不可避免会发生，则不应认定为不属于"及时"的范畴。"纠正"意味着违法行为人主动或被动消除违法行为的不良影响。对于某一行为是否给予处罚主要取决于该行为对行政秩序的影响是否达到应当给予处罚的程度。本着有利于行政相对人的解释原则，对于轻微的违法行为，只要其纠正后没有对公共秩序造成危害，即使违法行为人是在"被迫"的主观状态下及时纠正的，也应当认为符合"及时纠正"这一要件。

（3）在危害后果方面，要求违法行为没有危害后果或者危害后果轻微。危害后果如何是判断违法行为社会危害性的重要标准，一般指客观后果，比如是否造成相关人员利益损失、是否增加公共管理支出等。这个条件意味着，要么违法行为没有产生后果，要么产生后果后，当事人已主动补救、赔偿、履行义务，消除了后果。

总之，对于轻微违法，必须在保障公共利益和经济社会秩序的前提下，同时符合一系列法定条件，才能不予行政处罚。

6. 如何判断违法行为人无主观过错？

《农业行政处罚程序规定》第五十四条规定，农业行政处罚机关负责人应当对调查结果、当事人陈述申辩或者听证情况、案件处理意见和法制审核意见等进行全面审查，并根据不同情况分别作出处理决定，其中第（四）项规定"当事人有证据足以证明没有主观过错的，不予行政处罚，但法律、行政法规另有规定的除外"。因此，在案卷审查中，行政机关需要对违法行为人的主观过错进行判断，但是对第（四）项的理解应当分为三个方面：

（1）何为主观过错。目前行政法理论上并没有对主观过错的"故意"和"过失"进行区分。刑法学将行为人的主观过错分为"故意"和"过失"，"故意"是指违法行为人追求或者放任不法后果的发生；"过失"则分为"疏忽大意的过失"和"过于自信的过失"两种。在农业行政处罚案件审查实务中，并没有对"故意"和"过失"进行细致划分，可以参考刑法过错理论，重点从几个方面进行把握。第一，主观过错程度大小属于量罚因素。刑法根据"故意"与"过失"的区分对行为人的主观危害程度进行排序，由此对行为人采取不同的量刑标准，行为人"故意"所承受的罚则一定明显高于"过失"；同样，在行政处罚案件中，也可以参照刑法的理论，根据行为人的主观恶性，对行为人在法定幅度内裁量决定不同程度的行政处罚。第二，无论行为人是故意还是过失，均属于存在主观过错，实践中常常存在行政机关将主观上存在过失的行为当做行为人没有过错来处理，如前所述，行为人在主观上存在过失仅能代表其主观危害程度较轻，不代表主观上不存在过错，行政机关切不可将二者相混淆，对存在主观过失的行为人不予处罚。第三，并不是主观无过错就一定不会受到处罚，《农业行政处罚程序》中规定了"但书"条款，如果法律、法规另有规定，即使当事人有证据足以证明没有主观过错的，依然也要受到行政处罚，例如《农药管理条例》第五十四条规定"农药生产企业不执行原材料进货、农药出厂销售记录制度，或者不履行农药废弃物回收义务的，即应当受到行政处罚"，其中的"即"字表明，只要当事人存在该规定禁止的行为，就应当受到行政处罚。

（2）行政处罚案件中当事人应当对自己的主观方面承担举证责任。《行政处罚法》第三十三条第二款规定："当事人有证据足以证明没有主观过错的，不予行政处罚。法律、行政法规另有规定的，从其规定。"这意味着，只有违法行为人"有证据足以证明没有主观过错的"，才不予行政处罚。违法行为人收集的证据应该达到足以证明自己没有过错的程度，相关的证据可以是一个单独的关键证据，也可以是形成一个闭环的证据链条。执法人员应当对当事人提供的证据进行审查，综合判断证据的证明力是否达到"足以"证明其没有过错的程度，若达不到该程度则不予采纳。值得注意的是，虽然法律将举证责任赋予违法行为人，但是行政机关执法人员并不能从中完全脱离，根据行政执法中"有利于当事人"原则的基本要求，在执法过程中，执法人员应主动告知当事人有证明自己

"主观无过错"的权利。如果违法行为人无法自证"无主观过错",行政机关可根据"过错推定"原则推定违法行为人具有主观过错,可以依法进行处罚。

(3) 不是所有案件一律适用举证责任倒置的原则,对于法律、行政法规另有规定的情形,行政机关依然可以对违法行为人进行处罚。例如《食品安全法》第一百三十六条规定:"食品经营者履行了本法规定的进货查验等义务,有充分证据证明其不知道所采购的食品不符合食品安全标准,并能如实说明其进货来源的,可以免予处罚,但应当依法没收其不符合食品安全标准的食品;造成人身、财产或者其他损害的,依法承担赔偿责任。"这意味着,在食品销售者无主观过错的情况下,行政机关虽可对食品销售者免于其他处罚,但仍要没收违法食品。换言之,当法律、法规存在特殊规定时,即使当事人能够证明自己没有主观过错,也应当接受行政处罚。

7. 如何理解"一事不再罚"原则?

《行政处罚法》规定的"一事不再罚"原则,又称"一事不二罚"或"禁止双重处罚"原则,是指针对行为主体的同一个违法行为,不能给予两次以上的罚款处罚,其他行政处罚类型不在此限。

"一事"也称"一行为",即一个行政违法行为。根据性质判断,"一事"可以区分为自然的"一事"和法律上的"一事"。自然的"一事"是指当事人实施了一个违反农业行政处罚规定的行为或者说一个违反农业行政管理秩序的行为,在客观事实上有且仅有一个独立完整的违法事实。其可以体现为一个意思表示或一个行为动作,比如某自然人违反法律规则,将人用药饲喂肉鸡,则该违法行为即自然的"一行为"。对于某一违法行为,不具有法律思维的普通人亦能够判断是"一行为"还是"数行为",则通常此类行为属于自然的"一行为"。同时应当注意,违法事实的实施主体必须是同一违法行为人，若实施主体为不同行为人，则不能适用"一事不再罚"原则。法律上的"一事"是指，行为人虽然实施了多个自然行为，但是基于法律上的规定等原因，被拟制为一个行为。判断农业行政违法行为的次数，最基础的依据是法律规定。因此判断"一行为"，首先要看法律、法规中是否有明确规定，没有明确规定的，再从自然行为的角度进行判断。

对"不再罚"的理解应有两方面：一方面，"一事不再罚"中的"再"字所修饰的是"罚"字，而"罚"字特指罚款这一种行政处罚，行政机关对违法行为人只能给予一次罚款，不可多次罚款。因此这也意味着，行政机关在作出罚款处罚的同时，可以依法给予违法行为人其他种类的行政处罚，即依法并处其他种类的行政处罚。对与罚款同属于财产罚的没收违法所得、没收非法财物，根据具体的法律规定，对违法当事人处以罚款处罚，可以同时适用没收违法所得、没收非法财物，此时并不违反"一事不再罚"原则。另一方面，对当事人同一个违法行为违反多个法律规范应当给予罚款处罚的，适用"就高"规则。《行政处罚法》第二十九条规定："同一个违法行为违反多个法律规范应当给予罚款处罚的，按照罚款数额高的规定处罚。"对于多个法律规范都规定了罚款处罚的同一个违法行为，应当依据法律规范的具体规定，按照罚款数额高的法律规范作出处罚，具体表现为：对于法律规范规定了固定数额的罚款，直接适用罚款数额高的规定给予罚款处罚；对于有幅度的罚款，先比较罚款上限，适用罚款上限高的规定；没有罚款上限或者罚款上限一致的，适用罚款下限高的规定；对于从形式上难以比较高低的，如一部法律规定罚款以违法所得为计算标准，另一部法律规定罚款以合同标的额为计算标准，则需要根据案情等实际情况来作出判断。

第五章　告　　知

1. 如何确定行政处罚告知与重大案件集体讨论的先后顺序?

(1) 行政机关通常会在告知之前进行集体讨论，这是案件办理的实际需求。尤其是对于一些"情节复杂"的案件和"对重大违法行为给予较重处罚"的案件，包括对于认定案件事实和证据争议较大的，适用法律、法规或规章有争议的，对违法行为拟予以从轻、从重、减轻或者免除处罚等情形。为了确保向当事人告知的内容特别是法律适用和拟处罚结果的精准性，行政机关有必要在告知之前进行集体讨论，形成拟处理意见。

(2) 从集体讨论程序的内涵和目的理解，之所以要求集体讨论，是因为情节复杂的案件、重大案件往往会存在认定案件事实困难、处罚较重等问题，对当事人权益影响较大。法律对此种处罚持极为慎重的态度，认为有必要通过集体讨论对违法认定、自由裁量权等予以审查和规范，通过发挥民主优势，防止错误决策，确保处罚决定的正确、有效，从而更好地保障行政处罚相对人的合法权益，规范行政机关的执法行为。行政机关负责人集体讨论在告知前进行，并不违背立法目的。

因此，拟处罚告知前进行集体讨论决定的，不能简单地认为属于程序违法或者存在程序问题。行政机关可以在告知之前进行集体讨论，但需要注意这时的集体讨论形成的意见只是拟处理意见，不能作为最终作出行政处罚决定的依据。至于在告知之前就进行了集体讨论，告知之后是否还要再次进行集体讨论，关键看告知之后当事人是否提出了具有实质意义的陈述申辩意见，或者是否申请听证并由行政机关组织召开了听证会等具体情况进行综合判断。如果在告知期限内，当事人明确表示放弃陈述、申辩权利，或者未提出陈述、申辩意见，也没有提出听证申请的，从行政执法的效率角度考虑，行政机关可以不再进行集体讨论决定；但如果在告知期限内，当事人提出了有实质意义的陈述、申辩意见，或者行政机关依当事人申请组织召开了听证会，行政机关应当再次进行集体讨论决定。

2. 不予处罚是否需要告知当事人？

不予行政处罚的案件依然需要履行对当事人的告知义务。

《行政处罚法》第四十四条规定："行政机关在作出行政处罚决定之前，应当告知当事人拟作出的行政处罚内容及事实、理由、依据，并告知当事人依法享有的陈述、申辩、要求听证等权利。"《农业行政处罚程序规定》第二十三条也规定了相似内容。因此，作出行政处罚决定需要履行告知当事人的义务。

不予处罚属于《行政处罚法》第五十七条以及《农业行政处罚程序规定》第五十四条规定的处罚决定类型。在有些情况下，行政机关不予处罚当事人，并非指当事人没有违法行为，而是实施了违法行为，但因为有情节轻微、行为人年龄因素等阻却事由的出现，酌情对当事人不予处罚。例如，《行政处罚法》第三十三条规定："违法行为轻微并及时改正，没有造成危害后果的，不予行政处罚。初次违法且危害后果轻微并及时改正的，可以不予行政处罚。当事人有证据足以证明没有主观过错的，不予行政处罚。法律、行政法规另有规定的，从其规定。对当事人的违法行为依法不予行政处罚的，行政机关应当对当事人进行教育。"虽然不予处罚并未产生对个人人身自由或财产权利的限制，但行政机关认定当事人存在违法行为的情况，本身就会使其权益遭受减损。进行教育本身也属于对当事人采取的一种管理措施，具有一定的引导、警示作用。

3. 行政处罚内容有更改是否需要重新告知当事人？

行政处罚事先告知书与行政处罚决定应保持一致。《行政处罚法》第六十二条规定："行政机关及其执法人员在作出行政处罚决定之前，未依照本法第四十四条、第四十五条的规定向当事人告知拟作出的行政处罚内容及事实、理由、依据，或者拒绝听取当事人的陈述、申辩，不得作出行政处罚决定；当事人明确放弃陈述或者申辩权利的除外。"可见，行政处罚机关应当将拟作出的行政处罚内容告知当事人，因此行政处罚决定作出之前，如果行政处罚内容发生更改的，行政处罚机关应当及时将变更后的行政处罚内容重新告知当事人。

在司法实践中，各级法院也基本遵循行政处罚内容更改后需要重新告知当事人的原则。从各级人民法院生效的裁判文书来看，司法机关对于行政告知的基本态度，可以总结如下：①行政机关不得因当事人申辩而加重处罚；②处罚决定作出"不利变更"的，应当重新告知；③处罚内容更改后，处罚种类增多、罚款数额增加、没收金额增加等情形均属于对处罚决定作出"不利变更"，需要重新告知；④处罚决定认定的事实、依据和被处罚对象发生变化的，也应当重新告知。例如在河南省濮阳县人民法院作出的（2019）豫 0928 行初 17 号行政判决书中，濮阳县人民法院认为被告濮阳县环境保护局向原告送达了行政处罚告知书，但在行政处罚告知书中认定原告行为违反的法律规定是《大气污染防治法》第七十二条第一款，而被告在行政处罚决定中认定原告的行为违反的法律规定是《大气污染防治法》第四十八条第二款，故告知当事人拟对其作出行政处罚决定的事实、理由及依据与作出的行政处罚决定的事实、理由及依据不一致，影响了当事人提出陈述和申辩权。因此判决撤销被告濮阳县环境保护局于2018 年 7 月 2 日作出的濮县环〔2018〕17 号行政处罚决定，责令其重新作出行政行为。

需要注意的是，不是所有行政处罚内容更改的案件都需要重新告知。如果《行政处罚通知书》作出的行政处罚内容相对行政处罚事先告知书更轻，也可以不重新告知。例如，山东省济南市槐荫区人民法院作出的(2018) 鲁 0104 行初 10 号行政判决书认为，案件中槐荫区食品药品监督管理局履行了行政处罚事先告知和听取闽隆公司陈述、申辩的职责，已经保障了闽隆公司陈述申辩的权利。案涉行政处罚决定书罚款数额由行政处罚事先告知书确定的 2 万元变更为 1 万元，是槐荫食品药品监督管理局听取闽隆公司的陈述、申辩之后，经过自由裁量，作出较之前更轻的行政处罚，陈述、申辩权的意义已经实现，且该处罚决定书中认定的违法事实、采信的证据、处罚的种类和幅度以及法律适用均没有改变。因此，闽隆公司在庭审中所述"听证通知书与事先处罚告知书金额均为2 万元，行政处罚书金额为 1 万元"，属于处罚决定行政内容的变更，依据《行政处罚法》实为没有告知原告处罚内容，其程序违法理由不能成立，法院不予采信。

4. 行政处罚事先告知应包含哪些基本内容？

在行政处罚中，行政处罚事先告知书是农业行政执法机关在作出行政处罚决定前，依法告知当事人拟作出行政处罚决定的事实、理由、依据、处罚内容和当事人所享有的陈述权、申辩权时使用的文书。行政处罚事先告知书分为适用一般案件的行政处罚事先告知书和适用听证案件的行政处罚事先告知书。行政处罚事先告知书由首部、正文、尾部三部分组成。根据相关法律规范和《农业行政执法文书制作规范》（农法发〔2020〕4号）的规定，行政处罚事先告知书应当按下列要求制作：

(1) 首部。首部由标题、案号和当事人的基本情况三部分组成。标题通常分为两行，居中写明，一行为制作该执法文书的执法机关全称，另一行是执法文书的名称。在行政处罚事先告知阶段，还要根据案件是否符合听证条件，决定适用一般案件或听证案件文书的行政处罚当事人享有听证权利及申请期限。同时，告知当事人逾期不行使权利将承担的法律后果。

(2) 正文。正文包括违法事实及证据，认定违法行为的法律条款，拟作出行政处罚的种类、幅度及法律依据，并告知当事人享有陈述和申辩的权利、要求执法机关举行听证的权利、行使这些权利的法定期限，以及逾期行使权利的法律后果等内容。

(3) 尾部。尾部包括成文单位的全称、印章、成文日期以及执法机关的联系方式等内容。行政处罚事先告知书中注明须加盖执法机关印章的地方，应当有执法机关的名称并加盖印章，加盖印章应当清晰、端正，并"骑年盖月"。成文日期应当为机关负责人在《案件处理意见书》中签署意见的日期，且使用阿拉伯数字书写。执法机关的联系方式应当注明联系人、电话和执法机关地址等内容。

5. 行政处罚应告知而未告知当事人有陈述申辩、申请听证权利的有什么法律后果？

在行政处罚中，应告知当事人享有陈述、申辩和听证的权利。《行政处罚法》第七条规定，"公民、法人或者其他组织对行政机关所给予的行政处罚，享有陈述权、申辩权"。《农业行政处罚程序规定》第二十三条明确规定，农业行政处罚机关作出农业行政处罚决定前，应告知当事人依法享有的陈述、申辩、要求听证等权利。因此，对当事人给予行政处罚时，无论适用简易程序还是普通程序，当事人都享有陈述、申辩权。

　　行政处罚机关应告知当事人享有陈述、申辩和听证权利而未告知，或不能证明履行了告知当事人享有陈述、申辩和听证权利的，在司法裁判中将面临不利后果。从案例来看，法院判决有两种：一种是认定程序违法，撤销处罚决定；一种是认定程序瑕疵。法院作出上述两种不同裁判的理由在于，在具体案件中，综合判断处罚机关未复核陈述申辩意见是否实际影响了当事人的权利。例如，在河北省景县人民法院作出的（2020）冀1127行初17号行政判决书中，法院认为，在被告提供的证据材料中并没有对原告陈述和申辩意见进行复核的相关证据，在行政处罚决定书中亦没有对原告陈述和申辩采纳与否的相关意见，故认定被告景县公安局作出的该行政处罚决定违反法定程序，应予撤销。而在北京市高级人民法院作出的（2017）京行终4824号行政判决书中，北京高级人民法院认为，财政部在对梅兰嘉德公司进行处罚的过程中，在该公司提出陈述、申辩的情况下，财政部应当对其陈述、申辩履行复核的程序，但财政部未提供有效证据证明其履行了复核程序。鉴于在一、二审审理程序中，财政部通过提交答辩状、当庭陈述等方式，进一步说明了其未予采纳梅兰嘉德公司陈述、申辩的理由，结合本案已认定梅兰嘉德公司存在恶意串通的事实等情况，财政部没有履行复核程序未对梅兰嘉德公司的陈述、申辩权造成实质损害。故法院最终确认财政部作出除没收违法所得决定以外的其余决定程序轻微违法，但不撤销该部分处罚。

6. 责令改正是否应告知当事人有申请行政复议或提起行政诉讼的权利？

　　最高人民法院在（2018）最高法行申4718号判决书中认为，责令改正或限期改正违法行为是与行政处罚不相同的一种行政行为，不属于行政处罚。《行政处罚法》第二十八条规定："行政机关实施行政处罚时，应当责令当事人改正或者限期改正违法行为。"依据前述判例和法律规定，责令改正不是单独的行政处罚种类。行政机关实施行政处罚同时责令当事人改正的，应当告知当事人权利；如果单纯责令改正，性质上不属于行政处罚，无需履行处罚的告知程序。

第六章　听　证

1. 应当告知当事人有申请听证权利的案件有哪些？

听证程序是《行政处罚法》规定的一项法定程序。农业行政处罚是一种特殊的行政处罚制度，在农业行政处罚中设置听证程序，其目的在于保障当事人的参与权、知情权，维护其合法权益，促使行政处罚决定合法公正地作出。从内涵上看，农业行政处罚听证程序是农业行政处罚机关在作出处罚决定之前依法举行的，由听证主持人居中主持，案件调查人员、案件当事人及其他听证参加人共同参与的，就案件事实、法律适用等进行质辩的活动。

依据《行政处罚法》第六十三条和《农业行政处罚程序规定》第五十九条的规定，农业行政处罚听证程序主要适用于以下几种情形：

(1) 较大数额罚款。罚款是一种典型的财产罚，其目的在于通过剥夺违法行为人一定数额的合法财产惩戒其违反行政管理秩序的行为。"较大数额"是一个不确定法律概念，必须予以明确才能在执法活动中正确适用。《农业行政处罚程序规定》第五十九条第二款规定："前款所称的较大数额、较大价值，县级以上地方人民政府农业农村主管部门按所在省、自治区、直辖市人民代表大会及其常委会或者人民政府规定的标准执行。农业农村部规定的较大数额、较大价值，对个人是指超过一万元，对法人或者其他组织是指超过十万元。"根据上述条款可知，在农业农村部及其所属的法律、法规授权组织作为执法主体时，"较大数额"的认定标准为对个人罚款超过一万元，对法人或者其他组织罚款超过十万元。而在县级以上地方人民政府农业农村主管部门作为执法主体时，则"较大数额"的认定标准需要按所在省、自治区、直辖市人民代表大会及其常委会或者人民政府规定的标准执行。因此，不同地区对"较大数额"罚款的认定标准是不一致的，在执法时需要根据具体情况进行判定。比如，《广东省行政处罚听证程序实施办法》第七条第一款规定："第六条所称较大数额罚款、较大数额违法所得、较大价值非法财物，是指对公民的违法行为处以5 000元以上罚款（等价值违法所得或者非法财物），对法人或者其他组织的违法行为处以10万元以上罚款（等价值违法所得或者非法财物）。"《四川省行政处罚听证程序规定》第四条第一款规定："本规定所称较大数额，是指对非经营活动中公民的违法行为处以罚款或者没收财产2 000元以上、法人或者其他组织的违法行为处以罚款或者没收财产2万元以上；对在经营活动中的违法行为处以罚款或者没收财产5万元以上。"《上海市行政处罚听证程序规定》第四条第一款规定："本规定所称的较大数额，对个人是指5 000元以上（或者等值物品价值）；对法人或者其他组织是指5万元以上（或者等值物品价值）。市政府可以根据经济社会发展的情况，对前述较大数额标准进行调整并予以公布。"

（2）没收较大数额违法所得、没收较大价值非法财物。《行政处罚法》2021年修订之前，行政处罚听证的适用范围中并没有"没收较大数额违法所得、没收较大价值非法财物"这一项内容，相应地，《农业行政处罚程序规定》中也就没有作出类似规定。但是在实践中，最高人民法院在《关于没收财产是否应进行听证及没收经营药品行为等有关法律问题的答复》（［2004］行他字第1号）中曾指出，"人民法院经审理认定，行政机关作出没收较大数额财产的行政处罚决定前，未告知当事人有权要求举行听证或者未按规定举行听证的，应当根据《行政处罚法》的有关规定，确认该行政处罚决定违反法定程序。有关较大数额的标准问题，实行中央垂直领导的行政管理部门作出的没收处罚决定，应参照国务院部委的有关较大数额罚款标准的规定认定；其他行政管理部门作出没收处罚决定，应参照省、自治区、直辖市人民政府的相关规定认定"。此外，最高人民法院第二批指导性案例第 6 号案例"黄泽富、何伯琼、何熠诉四川省成都市金堂工商行政管理局行政处罚案"的裁判理由也明确提出，尽管《行政处罚法》有关条款并没有明确列举"没收财产"，但是相关条款中的"等"系不完全列举，应当包括与明文列举的"责令停产停业、吊销许可证或者执照、较大数额罚款"类似的其他对相对人权益产生较大影响的行政处罚。为了保证行政相对人充分行使陈述权和申辩权，保障行政处罚决定的合法性和合理性，对没收较大数额财产的行政处罚，也应当根据行政处罚法的规定适用听证程序。鉴于此，《行政处罚法》在 2021 年修订中增加了一项听证内容，即对于"没收较大数额违法所得、没收较大价值非法财物"的也应当举行听证，《农业行政处罚程序规定》随即吸收了这一内容，其第五十九条第一款对此也进行了明确。

其中较大数额、较大价值的判断也遵循二元规则，即县级以上地方人民政府农业农村主管部门按所在省、自治区、直辖市人民代表大会及其常委会或者人民政府规定的标准执行。农业农村部规定的较大数额、较大价值，对个人是指超过一万元，对法人或者其他组织是指超过十万元。

（3）降低资质等级。《行政处罚法》在 2021 年修订中新增了一个行政处罚种类，即降低资质等级，并且将其作为行政处罚听证事项予以规定。《农业行政处罚程序规定》第五十九条第一款对此进行了明确。资质管理制度是通过设定较高的行业准入门槛以保证行业水准，行为人必须在取得相应等级的资质证书后，方可在其资质等级许可的范围内从事相应活动。这种管理制度在建筑领域得到广泛适用。《建筑法》第十三条规定："从事建筑活动的建筑施工企业、勘察单位、设计单位和工程监理单位，按照其拥有的注册资本、专业技术人员、技术装备和已完成的建筑工程业绩等资质条件，划分为不同的资质等级，经资质审查合格，取得相应等级的资质证书后，方可在其资质等级许可的范围内从事建筑活动。"可见，资质等级决定了资质主体的活动范围和能力，降低了资质等级就等于限制了相对人从事相应活动的资格，对其合法权益产生了较大影响，因而在作出正式决定前应该通过听证的方式给予其陈述申辩的机会。

（4）吊销许可证件。《行政处罚法》在 2021 年修订时，将吊销许可证和执照这一处罚决定合并为吊销许可证件。这一处罚行为在实施中需要注意明确吊销和暂扣以及撤销行为的区别，防止听证程序被滥用。吊销和暂扣都属于行政处罚，但是二者的效力不同。吊销是终局性地剥夺了违法行为人的某种资质，而暂扣则是在一定时限内限制违法行为人实施某种活动。比如暂扣驾驶证 6 个月，这就意味着在 6 个月内，被处罚人不得驾驶机动车。吊销许可证件需要听证，暂扣则不需要听证。撤销行为本质上不是处罚行为而是监督行为。在行政许可中，如果被许可人以欺骗、贿赂等不正当手段取得行政许可的，应当撤销行政许可；而行政机关工作人员以滥用职权、玩忽职守、超越权限、违反法定程序等方式作出准予行政许可决定的，也可以撤销行政许可。撤销行为属于对行政许可申请过程中存在瑕疵行为的监督。而吊销作为一种行政处罚手段，则是对被许可人在合法获得行政许可后，违法实施行政许可行为的惩戒。因此，吊销许可证件需要听证，而撤销则不一定都需要听证，必须根据《行政许可法》第四十六条的规定具体判断。

（5）责令停产停业与责令关闭。责令行为的性质具有多样性，是一类不同属性行为的集合，并不是所有责令行为都属于行政处罚，比如责令改正行为原则上属于行政命令。责令停产停业和责令关闭是《行政处罚法》明确规定的行政处罚种类。责令停产停业是指对于违反行政管理秩序的企业或者其他组织，命令其停止生产、经营的处罚措施。责令关闭指的是对于存在严重安全隐患或者环境污染风险的企业或者其他组织，经限期整改仍然不符合相关条件的，命令其关闭的处罚措施。由于关系到企业或者其他非企业组织的生产经营事项，涉及其重大利益，因而需要适用听证程序。

（6）限制从业。行政机关对违反行政管理秩序的违法行为人，限制其从事一定职业的行政处罚。这种行政处罚针对的是个人而不是企业或者其他组织，表现为不得担任企业法定代表人、负责人、董事、监事、高级管理人员，或者禁止在一定期限内从事相关工作。2021 年修订的《种子法》第七十六条第二款规定："被吊销种子生产经营许可证的单位，其法定代表人、直接负责的主管人员自处罚决定作出之日起五年内不得担任种子企业的法定代表人、高级管理人员。"该种行政处罚限制了当事人的择业自由，影响到当事人的重大利益，因此需要告知当事人有要求听证的权利。

（7）其他较重的行政处罚。这一规定属于概括性规定，同时也指明了听证程序适用的基本精神，即对于那些可能给予相对人较重行政处罚的，都应该在处罚决定作出前告知其有要求听证的权利。这一条款的适用赋予了执法者自由裁量权，通过与上述六类法定听证情形进行比对，如果认为在个案中也已经达到了相应的重大程度，则应当告知当事人有要求听证的权利。

（8）法律、法规、规章规定的其他情形。该条款也是《行政处罚法》2021 年修订中新增的兜底条款，这一规定赋予了其他法律、法规、规章规定听证条件的权限，即除了《行政处罚法》的规定外，其他法律、法规、规章也可以拓展规定听证范围。与"其他较重的行政处罚"不同，其他法律、法规、规章一旦规定，执法者没有裁量余地，必须遵守其具体规定。

2. 行政处罚机关改变处罚决定的，是否应当重新告知当事人有申请听证的权利？

听证程序一般发生在首次处罚决定作出的过程中，当行政机关改变处罚决定时，其实际上开启了第二次处罚程序。那么此时是否还需要启动听证程序，告知当事人有申请听证的权利？对此并没有明确的法律规定，在执法实践中也存在不同的理解。第一种观点认为，行政处罚机关改变处罚决定的，是否应当重新告知听证权利关键要看变更处罚决定的内容，如果是加重处罚的决定，则需要重新告知当事人，这体现了听证程序保障当事人合法权益不受侵犯的基本特征。但是，如果行政处罚决定机关在原处罚的基础上减轻了处罚，那么则不需要再次启动听证程序，因为减轻处罚本来就已经维护了当事人的合法权益，符合其意志，不需要再次听证。第二种观点认为，听证程序旨在保障当事人的参与权、知情权，进而维护其合法权益。因此，只要行政处罚决定机关作出了新的处罚决定，符合法定条件的就必须告知当事人申请听证的权利。

我们认为，行政处罚机关改变处罚决定的，是否应当重新告知当事人听证权利要看两个方面的条件：第一，行政机关变更处罚决定的原因。如果行政机关是根据人民法院的变更判决，变更了处罚决定，那么此时行政处罚机关实际上是在执行人民法院生效的司法判决，是一种司法执行行为，不是一种行政行为，在司法执行行为中并不存在听证程序的规定，因此也就不需要再次告知当事人申请听证的权利。第二，是否符合听证条件。如果行政处罚决定机关是根据当事人的陈述申辩或者自行决定变更处罚决定的，那么要看变更后的处罚决定是否符合启动听证程序的法定条件，如果符合法定条件，那么不管是减轻还是加重处罚都必须启动听证程序；如果不符合法定条件的，则不需要启动听证程序，这体现了听证程序的法定性。需要注意的是，有观点认为减轻处罚时的变更不需要启动听证，我们认为这个说法是不正确的，因为减轻处罚依然有可能对当事人的合法权益造成侵害，只要这种可能性存在，就必须给予当事人听证的权利。当然，告知听证不等于就一定会举行听证，如果处罚机关减轻处罚的决定获得了当事人的认可，则其也不会申请听证，也就不会造成程序负担。相反，如果处罚机关在变更处罚决定时不告知当事人听证的权利，则很有可能会导致当事人申请行政复议或者提起行政诉讼。

3. 农业行政处罚听证程序包括哪些主要内容？有哪些注意事项？

农业行政处罚听证程序主要包括启动程序和实施程序。启动和实施听证程序，同时需要注意下列问题：

(1) 听证程序的启动。 农业行政处罚听证既是一项程序安排，也是相对人的一项权利。因此，听证程序的启动既是听证程序的起点，也是对当事人听证权保护的开始，包括听证权的告知和当事人的申请。根据《农业行政处罚程序规定》第五十九条、第六十一条的规定，应当告知当事人有要求举行听证的权利，当事人要求听证的，农业行政处罚机关应当组织听证。对于可以适用听证程序的案件，农业行政处罚机关应提前告知当事人有要求听证的权利，如果当事人要求听证，则应当在收到行政处罚事先告知书之日起五日内向听证机关提出，否则视为放弃听证的权利。行政机关接受当事人的听证要求后，经审查符合听证条件的应当及时组织听证。至此，听证程序正式启动。

可见，听证程序虽然是经当事人申请启动的，但是农业行政处罚机关的告知程序必不可少，这是当事人实现听证权的重要前提。如果农业行政处罚机关不正确履行告知权，则属于程序违法。

(2) 听证程序的实施。 根据《农业行政处罚程序规定》第六十六条、六十七条、六十八条的规定，农业行政处罚听证按下列程序进行：

第一，听证书记员宣布听证会场纪律、当事人的权利和义务，听证主持人宣布案由、核实听证参加人名单，宣布听证开始。

第二，案件调查人员提出当事人的违法事实、出示证据，说明拟作出的农业行政处罚的内容及法律依据。

第三，当事人或者其委托代理人对案件的事实、证据、适用的法律等进行陈述、申辩和质证，可以当场向听证会提交新的证据，也可以在听证会后三日内向听证机关补交证据。

第四，听证主持人就案件的有关问题向当事人、案件调查人员、证人询问。

第五，案件调查人员、当事人或者其委托代理人相互辩论。

第六，当事人或者其委托代理人作最后陈述。

第七，听证主持人宣布听证结束。听证笔录交当事人和案件调查人员审核无误后签字或者盖章。当事人或者其代理人拒绝签字或者盖章的，由听证主持人在笔录中注明。

听证结束后，听证主持人应当依据听证情况，制作行政处罚听证会报告书，连同听证笔录，报农业行政处罚机关负责人审查。农业行政处罚机关应当根据听证笔录，按照法定程序作出处罚决定。听证机关组织听证，不得向当事人收取费用。

行政处罚听证实施程序在形式上属于一种准司法程序，实质上形成听证主持人居中裁决，当事人和行政执法人员两造对峙的"三角关系模式"。听证程序的实施具有践行形式法治和实质法治的双重意义，对于符合法定条件的案件，农业行政处罚机关应当严格按照规定组织实施听证。

4. 农业行政处罚机关举行听证需要做好哪些重要准备？

听证程序的准备工作非常重要，对于保障听证程序的合法性和听证结果的可接受性都具有重要的意义。农业行政处罚机关确定举行听证后，应当指定听证主持人、听证员和书记员，确定听证的时间和地点，并向当事人和利害关系人送达《行政处罚听证会通知书》。

(1) 确定听证的组织机构和参加人员。《农业行政处罚程序规定》第六十条规定："听证由拟作出行政处罚的农业行政处罚机关组织。具体实施工作由其法制机构或者相应机构负责。"根据该条款可知，听证的组织实施既可以由法制机构完成，也可以由其他机构完成，法制机构并不是唯一的听证组织机构。同时，《农业行政处罚程序规定》第六十三条规定："听证参加人由听证主持人、听证员、书记员、案件调查人员、当事人及其委托代理人等组成。听证主持人、听证员、书记员应当由听证机关负责人指定的法制工作机构工作人员或者其他相应工作人员等非本案调查人员担任。当事人委托代理人参加听证的，应当提交授权委托书。"需要注意的是，听证主持人、听证员、书记员应当由听证机关负责人指定的法制工作机构工作人员或者其他相应工作人员等非本案调查人员担任，也就是说除了听证主持人外，听证员、书记员也必须遵循回避原则。

(2) 送达《行政处罚听证会通知书》。《农业行政处罚程序规定》第六十二条规定："听证机关应当在举行听证会的七日前送达行政处罚听证会通知书，告知当事人及有关人员举行听证的时间、地点、听证人员名单及当事人可以申请回避和可以委托代理人等事项。"

(3) 发布听证公告。根据《行政处罚法》第六十四条第（三）项及《农业行政处罚程序规定》第六十四条之规定，除涉及国家秘密、商业秘密或者个人隐私依法予以保密等情形外，听证应当公开举行。因此，组织听证的农业行政处罚机关应当发布"听证公告"，载明举行听证的案由、时间、地点、听证注意事项等，以便当事人以外的其他相关人员申请参加听证，进行旁听。

5. 农业行政处罚听证笔录应当记录哪些关键内容？听证笔录有什么法律效力？

(1) 关键内容。听证笔录是农业行政执法机关应当事人的申请，就行政处罚案件举行听证，由书记员对听证会全过程进行记录时使用的文书。听证笔录应当写明案件调查人员提出的违法事实、证据和处罚意见，当事人陈述、申辩的事实理由以及是否提供新的证据，证人证言、质证过程等内容。案件调查人员、当事人或者其委托代理人应当在笔录上逐页签名、盖章或者按指纹并在尾页注明日期；证人应当在记录其证言之页签名。

（2）笔录效力。《农业行政处罚程序规定》第六十七条规定："农业行政处罚机关应当根据听证笔录，按照本规定第五十四条的规定，作出决定。"听证笔录是真实记载听证过程的法律文书，具有重要的法律效力和证据效力。听证笔录只有交当事人和案件调查人员审核无误并签字或者盖章后才具有完整的法律效力。当事人或者其代理人拒绝签字或者盖章的，由听证主持人在笔录中注明。农业行政处罚机关应当依据听证笔录作出处罚决定，听证笔录中没有记载的证据不能作为定案证据使用。在我国行政处罚制度中，听证笔录的这种案卷排他效力并不是一开始就形成的。1996年颁布的《行政处罚法》第四十三条规定："听证结束后，行政机关依照本法第三十八条的规定，作出决定。"根据这一规定，听证笔录并不具有唯一依据的地位，只是处罚决定的参考之一。但是2021年修订的《行政处罚法》第六十五条规定："听证结束后，行政机关应当根据听证笔录，依照本法第五十七条的规定，作出决定。"该条款赋予了处罚听证笔录特殊的法律效力。因此，在农业行政处罚程序中，农业行政处罚机关必须根据听证笔录作出处罚决定。

6. 农业行政处罚听证会报告书的内容是什么？报告书具有什么法律效力？

（1）听证会报告书内容。行政处罚听证会报告书是农业行政执法机关在行政处罚案件听证会结束后，听证主持人向农业行政执法机关负责人报告听证会情况和处理意见建议时使用的文书。在《行政处罚法》中并没有关于"行政处罚听证会报告书"的规定，这属于《农业行政处罚程序规定》的具体规定。行政处罚听证会报告书包括以下内容：听证案由；听证人员、听证参加人；听证的时间、地点；听证的基本情况；处理意见和建议；需要报告的其他事项。听证主持人向执法机关负责人提交报告书时，应当附听证笔录。

（2）听证会报告书效力。《农业行政处罚程序规定》第六十七条规定："听证结束后，听证主持人应当依据听证情况，制作行政处罚听证会报告书，连同听证笔录，报农业行政处罚机关负责人审查。"行政处罚听证会报告书是重要的内部法律文书，它是农业行政处罚机关负责人对行政处罚案件进行审查决定的重要参考。需要注意的是，行政处罚听证会报告书在效力上不同于听证笔录，不是农业行政处罚机关作出处罚决定的直接依据，其作为一种内部报告文书具有载体作用，包含了听证程序的全部信息，其作用是向农业行政执法机关负责人报告听证会情况和处理意见建议。正因为行政处罚听证会报告书具有这种特殊的作用，因此其内容必须完整、准确、真实，特别是关于听证基本情况的内容不能有遗漏或者错误，而有关处理意见和建议的内容则必须根据听证的真实情况，特别是听证笔录的内容依法提出。如果行政处罚听证会报告书的内容出现缺漏甚至错误，则很可能会导致后续处罚决定出现违法或者不当的情形。

7. 农业行政处罚听证程序和农业行政处罚机关负责人重大案件集体讨论程序在法律上有什么区别？法律上是否可以互相替代？

农业行政处罚听证程序和农业行政处罚机关负责人重大案件集体讨论程序是两种不同的处罚程序，二者的区别主要体现在以下三个方面：

（1）适用条件不同。《农业行政处罚程序规定》第五十九条第一款规定："农业行政处罚机关依照《中华人民共和国行政处罚法》第六十三条的规定，在作出较大数额罚款、没收较大数额违法所得、没收较大价值非法财物、降低资质等级、吊销许可证件、责令停产停业、责令关闭、限制从业等较重农业行政处罚决定前，应当告知当事人有要求举行听证的权利。当事人要求听证的，农业行政处罚机关应当组织听证。"第五十五条规定："下列行政处罚案件，应当由农业行政处罚机关负责人集体讨论决定：（一）符合本规定第五十九条所规定的听证条件，且申请人申请听证的案件；（二）案情复杂或者有重大社会影响的案件；（三）有重大违法行为需要给予较重行政处罚的案件；（四）农业行政处罚机关负责人认为应当提交集体讨论的其他案件。"可见，就适用范围而言，农业行政处罚机关负责人集体讨论程序比农业行政处罚听证程序要更加宽泛。

（2）程序要求不同。与农业行政处罚听证程序相比，农业行政处罚机关负责人集体讨论程序目前并没有明确的法律规定。可以参照下列程序进行：①涉及重大复杂案件需要讨论的，由办案机关负责人召集相关人员参与讨论会；②参加集体讨论会的成员是行政执法机关正副职领导，具体办案人员列席会议，必要时也可以邀请相关领域专家出席会议；③由具体办案人员及相关人员汇报案件调查情况，包括违法事实、证据、处罚的理由、法律依据和拟处罚意见等内容；④已举行听证的，由听证主持人汇报听证过程和结论；⑤已进行法制审核的，由审核人员汇报合法性审查的基本情况和结论；⑥进行集体讨论，并作出决定；⑦集体讨论时间、地点、过程和结论必须详细记录，并存档，有条件的应全程录音录像；⑧按照集体讨论的结论最终作出行政处罚决定，不得擅自变更行政处罚决定内容。

（3）法律效力不同。基于案卷排他原则，处罚决定机关应当根据农业行政处罚听证程序确定的案件事实作出处罚决定，但是认定案件事实只是作出处罚决定的第一步，后续还需要进行法律适用和自由裁量，这些工作则可以通过集体讨论程序来完成。因此二者在效力上的区别主要体现为听证程序具有事实确定力，而集体讨论程序具有处罚决定的确定力。换言之，重大复杂案件集体讨论程序对行政处罚决定的作出具有最终的约束力，行政处罚决定的内容与集体讨论的结论相一致。

总体来看，农业行政处罚听证程序和农业行政处罚机关负责人集体讨论程序是法定处罚程序，但是二者存在着适用条件、程序要求和法律效力的不同，因而不可以相互替代。

8. 行政处罚相对人是否必须出席听证？行政处罚相对人及其代理人在农业行政处罚听证中有哪些重要权利和义务？

《农业行政处罚程序规定》第六十二条规定："听证机关应当在举行听证会的七日前送达行政处罚听证会通知书，告知当事人及有关人员举行听证的时间、地点、听证人员名单及当事人可以申请回避和可以委托代理人等事项。当事人可以亲自参加听证，也可以委托一至二人代理。当事人及其代理人应当按期参加听证，无正当理由拒不出席听证或者未经许可中途退出听证的，视为放弃听证权利，行政机关终止听证。"可见，听证程序中，行政相对人作为当事人之一可以委托代理人出席，而不是必须自己出席。

听证程序的最终目的是更好地维护当事人的合法权益，为了实现这一目的，就必须明确当事人及其代理人的权利义务。根据《农业行政处罚程序规定》第六十五条的规定，当事人在听证中有以下权利和义务：

（1）有权对案件涉及的事实、适用法律及有关情况进行陈述和申辩。 陈述和申辩是行政处罚程序中重要的制度设计，目的就是为了让当事人充分表达意见，进而提升处罚决定的可接受性。听证程序也暗含着这一制度特性，其重要内容之一就是给当事人公开"发声"的机会。因此，陈述和申辩是听证当事人的重要权利。从内容上看，陈述是当事人就案件事实进行的叙述，申辩是当事人就案件调查人员的指控进行的申诉和辩解。

（2）有权对案件调查人员提出的证据质证并提出新的证据。 在听证程序中，调查人员应该就自己所搜集到的证据进行出示，用以证明当事人的违法行为存在。当事人可以对这些证据进行质证，并且可以提出新的证据进行反驳。需要注意的是，根据"先取证后裁决"的基本原则，在处罚决定作出以后就不能再搜集新的证据，但是由于听证程序的前置性，其发生在处罚决定作出以前，因此在这个过程中，调查人员和当事人都可以搜集新证据。

(3) 如实回答主持人的提问。 听证主持人地位类似于诉讼中的法官（准确地说是法庭调查环节的法官），其功能在于主持争议双方就证据进行质辩，进而确认案件事实。因此，听证主持人提问也类似于法庭调查中的法官提问，其目的在于查清案件事实。对于主持人的提问，当事人必须如实回答，这是当事人的义务。当然，主持人不能提与案件无关的问题，或者进行诱导性提问。主持人明显与案件无关的提问，当事人可以拒绝回答。

(4) 遵守听证会场纪律，服从听证主持人指挥。 听证程序虽然不是一个司法程序，但是具有准司法性，听证主持人在听证程序中具有最高权威，类似于法官在法庭上的地位。听证主持人的最终目的是要调查清楚案件事实，在这个过程中必须维护听证程序的秩序，以保障听证过程顺利进行。由于案件当事人和调查人员属于对立的两方，都有自己的利益诉求，听证过程本身带有一定的对抗性，因此维护听证会场秩序就显得尤为必要。

在听证过程中，代理人必须在委托代理权限范围内以被代理人的名义参加听证，听证后果由被代理人承担。根据《民事诉讼法》及相关规定，除非有被代理人特别授权，否则代理人不能处分被代理人的实体权利。因此在听证过程中，如果被代理人对于代理人只是一般授权，则其不能就被代理人的实体权利进行处分，比如自认违法行为、接受处罚决定等。

9. 对农业行政处罚听证结论不服是否可以提起行政诉讼？

当事人对农业行政处罚听证结论不服的，不可以直接提起行政诉讼。

《行政诉讼法》通过抽象规定、正面列举和反面列举相结合的方式框定了行政诉讼受案范围。《行政诉讼法》第二条第一款规定："公民、法人或者其他组织认为行政机关和行政机关工作人员的行政行为侵犯其合法权益，有权依照本法向人民法院提起诉讼。"该条款概括性地规定了行政诉讼的受案范围，只有公民、法人或者其他组织对行政行为不服才能提起行政诉讼。对于法院可受理案件的具体类型，《行政诉讼法》进行了明确，其第十二条规定："人民法院受理公民、法人或者其他组织提起的下列诉讼：（一）对行政拘留、暂扣或者吊销许可证和执照、责令停产停业、没收违法所得、没收非法财物、罚款、警告等行政处罚不服的；（二）对限制人身自由或者对财产的查封、扣押、冻结等行政强制措施和行政强制执行不服的；（三）申请行政许可，行政机关拒绝或者在法定期限内不予答复，或者对行政机关作出的有关行政许可的其他决定不服的；（四）对行政机关作出的关于确认土地、矿藏、水流、森林、山岭、草原、荒地、滩涂、海域等自然资源的所有权或者使用权的决定不服的；（五）对征收、征用决定及其补偿决定不服的；（六）申请行政机关履行保护人身权、财产权等合法权益的法定职责，行政机关拒绝履行或者不予答复的；（七）认为行政机关侵犯其经营自主权或者农村土地承包经营权、农村土地经营权的；（八）认为行政机关滥用行政权力排除或者限制竞争的；（九）认为行政机关违法集资、摊派费用或者违法要求履行其他义务的；（十）认为行政机关没有依法支付抚恤金、最低生活保障待遇或者社会保险待遇的；（十一）认为行政机关不依法履行、未按照约定履行或者违法变更、解除政府特许经营协议、土地房屋征收补偿协议等协议的；（十二）认为行政机关侵犯其他人身权、财产权等合法权益的。除前款规定外，人民法院受理法律、法规规定可以提起诉讼的其他行政案件。"此外，《行政诉讼法》还通过否定列举的方式排除了对部分行为提起行政诉讼的可能。其第十三条规定："人民法院不受理公民、法人或者其他组织对下列事项提起的诉讼：（一）国防、外交等国家行为；（二）行政法规、规章或者行政机关制定、发布的具有普遍约束力的决定、命令；（三）行政机关对行政机关工作人员的奖惩、任免等决定；（四）法律规定由行政机关最终裁决的行政行为。"

行政行为是由行政机关或者法律、法规、规章授权组织作出的，能够对相对人的权利义务产生直接影响的行为。农业行政处罚听证行为是一种程序性行为，其并不会直接对当事人的权利义务产生影响。听证笔录作为处罚决定的事实依据，并不是处罚决定本身。因此，当事人即使对听证结论不服，也不可以直接提起行政诉讼，而是可以针对根据听证笔录作出的处罚决定提起行政诉讼。需要注意的是，当事人可以以听证程序不符合法定要求为由提起行政诉讼，但此时其诉讼标的依然是整个行政行为，而不是听证程序本身。

第七章　作出行政处罚决定

1. 不予行政处罚的情形有哪些?

行政处罚是指行政机关依法对违反行政管理秩序的公民、法人或者其他组织，以减损权益或者增加义务的方式予以惩戒的行为。行政处罚以惩戒违法为目的，具有制裁性。

根据《农业行政处罚程序规定》第五十四条的规定，农业行政处罚机关负责人作出不予处罚决定的情形有两类:

(1) 应当不予处罚的情形。 包括: ①违法事实不能成立的，不予行政处罚。违法事实是构成行政处罚的先决性条件，如违法事实都不存在，当然不予行政处罚。②违法行为轻微并及时改正，没有造成危害后果的，不予行政处罚。首先，无论当事人是否初次违法，只要同时符合以下三个条件，都应当不予行政处罚，即"违法行为轻微、及时改正、没有造成危害后果"。其次，"改正"可以是当事人主动改正，也可以是在执法部门责令限期改正下的被动按期改正。③当事人有证据足以证明没有主观过错的，不予行政处罚，但法律、行政法规另有规定的除外。当事人要同时符合三个条件: 一是对违法行为没有主观过错，即指当事人既没有主观故意，也没有主观过失，主观故意是当事人明知行为将违法仍然实施；二是能举出证据证明（举证责任在当事人方）；三是证据要充分，要达到合理合法。

④违法行为超过追责时效的，不予行政处罚。处罚时效从违法行为发生之日起计算，但违法行为处于连续或者继续状态的，则从该行为终了之日起计算。违法行为在 2 年内未被发现的，不再给予行政处罚；涉及公民生命健康安全、金融安全且有危害后果的，上述期限延长至 5 年。法律另有规定的除外。

(2) 可以不予处罚的情形。包括初次违法且危害后果轻微并及时改正的，可以不予行政处罚。但各地应严格按照规范自由裁量的清单执行。

此外，对于不属于农业行政处罚机关管辖的，应当及时移送其他行政机关处理。对于违法行为涉嫌犯罪的，应当将案件移送司法机关。

2. 应当由农业行政处罚机关负责人集体讨论决定的案件有哪些？

集体讨论程序，是指对情节复杂或者重大违法行为等给予行政处罚，行政机关负责人应当通过集体讨论决定处罚的程序。

根据《农业行政处罚程序规定》第五十五条之规定，应当由农业行政处罚机关负责人集体讨论决定的包括四种情形：

(1) "符合本规定第五十九条所规定的听证条件，且申请人申请听证的案件"。《农业行政处罚程序规定》第五十九条明确规定，在作出较大数额罚款、没收较大数额违法所得、没收较大价值非法财物、降低资质等级、吊销许可证件、责令停产停业、责令关闭、限制从业等较重农业行政处罚决定前，应当告知当事人有要求举行听证的权利。当事人要求听证的，农业行政处罚机关应当组织听证。

(2) 案情复杂或者有重大社会影响的案件。主要包括以下情形：一是行政机关工作人员对案件处理结果有较大分歧、争议的；二是案件情形要进行从轻、从重、减轻或者免除处罚等裁量行为的；三是处罚结果与裁量基准不一致的；四是有重大社会影响的。

（3）有重大违法行为需要给予较重行政处罚的案件。主要包括以下情形：一是违法行为性质严重或危害较大的案件；二是引起较大影响的案件；三是其他涉及面较广的案件。其中，较重处罚案件是指较大数额罚款案件、较大数额的没收违法所得及没收非法财物案件、责令停产停业案件、吊销许可证或执照案件、适用听证程序案件。

（4）农业行政处罚机关负责人认为应当提交集体讨论的其他案件。这类案件赋予农业行政处罚机关负责人一定的自由裁量空间。

此外，集体讨论的时间，是在行政处罚事先告知书送达之后。《农业行政处罚程序规定》第五十四条规定了农业行政处罚机关负责人应当对调查结果、当事人陈述申辩或者听证情况、案件处理意见和法制审核意见等进行全面审查。第五十五条规定了应当由农业行政处罚机关负责人集体讨论决定的情形。从以上规定可以看出，行政机关负责人集体讨论审查的内容包括当事人的陈述、申辩或者听证情况，因此集体讨论的时间应当在行政处罚事先告知之后。

3. 农业行政处罚决定书中有哪些必写要素？

行政处罚决定书是行政机关针对当事人的违法行为而制作的书面法律文书。法律、法规规定了行政处罚决定中应当要载明的事项。

根据《农业行政处罚程序规定》第五十六条的规定，农业行政处罚机关决定给予行政处罚的，应当制作行政处罚决定书。制作行政处罚决定书，应当注意下列内容：

（1）处罚决定书的编号。编号应当由收案年度唯一编号确定，对于秋冬季收案来年下达处罚决定书的案件，处罚决定书编号还应当与上一年度的案号相一致。

（2）当事人的姓名或者名称、地址。当事人包括公民、法人或者其他组织。对于此三类的界定，应当按照《民事诉讼法》的相关解释进行准确界定，执法中常见错误有将个体工商户视为其他组织、将个人独资企业视为法人、将个人独资企业分支机构视为其他组织等情形。对公民的行政处罚，应当写明当事人的姓名和地址；对法人或者其他组织的行政处罚，应当写明法人或者其他组织的名称和地址。

(3) 违反法律、法规、规章的事实和证据。 违法事实与证据是实施行政处罚的根据，行政处罚决定书上应当予以载明。

(4) 行政处罚的种类和依据。 是指行政机关给予当事人何种行政处罚，以及行政机关作出行政处罚决定所依据的法律、法规或者规章的规定，应当在行政处罚决定书上载明。

(5) 行政处罚的履行方式和期限。 行政处罚的履行方式是指当事人是以什么方式履行行政处罚，如到指定银行缴纳罚款、停产停业等。期限是法律规定或者由行政机关要求，限定当事人履行行政处罚决定的期间，如当事人应当在 15 日内到指定的银行缴纳罚款，当事人应当在行政机关要求的 3 日内停产停业等。当事人不按照履行方式和限定的期限履行行政处罚决定，即属于违法，行政机关可以采取强制执行措施，强制当事人履行处罚决定。

(6) 申请行政复议、提起行政诉讼的途径和期限。 这是要求行政机关在作出行政处罚决定的同时，向当事人说明不服行政处罚决定的法律救济途径。同时，要告知当事人申请行政复议或者提起行政诉讼的期限，即当事人应当在知道行政处罚决定之日起多少日内申请行政复议或者提起行政诉讼。

(7) 作出处罚决定的农业行政处罚机关名称和作出决定的日期。 这是任何法律文书都不可缺少的载明事项，农业行政处罚决定书必须加盖作出处罚决定的行政机关的印章。

(8) 简要叙明案件来源和调查过程。 《农业行政处罚程序规定》中对此虽未明确，但是为直观反映案件的来龙去脉和行政执法机关按照程序依法履职的情况，应当叙明受案、立案、调查取证等过程。

行政处罚决定书应当由行政机关统一印制，有预定的格式，编有号码，依照法律规定填写，向当事人宣告并当场交付当事人或采用其他方式送达当事人，即对当事人产生法律约束力。

4. 行政处罚决定书中如何列明证据？

证据是查明事实、分清是非的基础，也是严格执法、公正执法的基石与保障。作为一名合格的执法人员，妥当地运用证据规则去认定案件事实应是一项必备执法技能。行政机关在行政处罚决定书中应列明证据。

所谓证据，就是用以证明案情的事实依据。证据必须符合客观性、关联性和合法性等特征。具体而言：一是证据必须是客观存在的事实，而不是纯粹的主观推断、猜测、臆断，或毫无根据的道听途说等，为此，行政执法人员只能收集调取保存客观存在的证据，而不能人为去改变，否则就有可能因为缺乏客观性而丧失证据资格。二是证据必须是与案件有关联的事实材料，即执法人员所收集的证据必须与法定的事实要件存在直接的或间接的某种联系，使之能起到证明作用，从而对案件事实的查清与定性量罚有一定的实质证明意义。三是证据必须合法，即执法主体必须合法，证据的形式和调查取证的程序、手段、方式必须合法。有关证据的种类，《行政诉讼法》规定，书证、物证、证人证言、当事人的陈述、视听资料、鉴定结论、现场笔录、勘验笔录等证据为法定证据。

在行政处罚决定书中列明证据应按照以下规则操作：第一，按照证据种类进行分类，包括对书证、物证、证人证言、当事人的陈述、视听资料、现场笔录等证据按照类别进行分类列明；第二，对每类证据要说明所证明的事实，如营业执照（复印件）、身份证（复印件）证明当事人的经营主体性质及负责人的身份，询问笔录证明当事人有经营假农药行为的事实；第三，要对列明的每个证据的份数进行说明，如营业执照（复印件）2 份、询问笔录 1 份等；第四，对现场笔录、询问笔录等证据要说明作出的时间，如 2022 年 8 月 2 日所作的《询问笔录》1 份；第五，证据的列明应放在事实查明部分。

此外，应注意的是，如当事人提出反证，应当在执法机关的本证之后列明，并说明不予采信的原因。

5. 行政处罚决定书中如何引用法律依据？

规范引用法律、法规（包括规章及其他规范性文件，以下不做特别说明时，均包括上述所有规范性文件）条文或内容是每一名执法人员的基本业务能力，尤其是一些细节问题更应该注意并避免出现错误。《行政诉讼法》第七十条规定了应当判决撤销行政行为的几种情形，其中第二项为"适用法律、法规错误的"。农业执法活动中可能构成法律适用错误的具体情形主要有：①适用的部门法与案件性质不符，如在《食品安全法》《农产品质量安全法》等调整对象范围近似的部门法的适用中出现错误；②适用已经废止、失效或尚未生效的法律，如在《动物防疫法》《种子法》《生猪屠宰管理条例》等法律、法规虽经修订修正但尚未正式施行的情况下即予适用，或在相关法律、法规修订修正生效后对于新发生的违法行为仍然适用旧法；③违反法不溯及既往原则，如对旧法施行期间发生的违法行为错误适用新法，加重对当事人处理；④违反法的效力位阶，如未按照上位法优于下位法、特别法优于一般法等原则适用法律；⑤存在漏引，即存在应当适用的法律而未适用；⑥作为行政处罚依据的法律规范引用不够具体明确。

《农业行政执法文书制作规范》第八条规定，"引用法律、法规、规章和规范性文件应当书写全称并加书名号"。新法生效后，需要引用旧法的，应当注明。引用法律、法规、规章和规范性文件条文有序号的，书写序号应当与法律、法规、规章和规范性文件正式文本中的写法一致。引用法律、法规、规章以外的其他公文应当先用书名号引标题，后用圆括号引文号；引用外文应当注明中文译文。

(1) 引用法律条文不仅需要表述条款项目，同时要引用正文。根据《立法法》第六十五条第二款"编、章、节、条的序号用中文数字依次表述"的规定，在同一部法律当中，自始至终，条是从第一条一直依次表述到最后一条，并不会因为编、章、节的设置而重新从第一条再次重复表述，所以引用法律时只需直接从条开始引用到具体的款、项、目即可，无需指出该条所在的编、章、节。条文序号会因法律、法规、规章的修改而相应调整，目前在我国除《刑法》外，其他法律条文增删后条文序号一律重排，所以引用法律依据还应引用正文。在条款项目序号调整或有误的时候，法律依据正文的准确引用，在行政复议和行政诉讼中会降级为"法律依据引用瑕疵"，而非"法律依据引用完全错误"。

(2) 引用法律法规时应准确完整写明名称、条款项目序号。立法中引用其他法律，按照全国人民代表大会常务委员会法制工作委员会《立法技术规范（试行）（一）》（法工委发〔2009〕62号，以下简称立法技术规范一）第六条规定，除引用宪法不用全称、也不加书名号、直接表述为"宪法"外，引用其他法律时，所引法律的名称用全称加书名号。《最高人民法院关于裁判文书引用法律、法规等规范性法律文件的规定》（法释〔2009〕14号）第一条中明确规定："引用时应当准确完整写明规范性法律文件的名称、条款序号，需要引用具体条文的，应当整条引用。"

(3) 引用"项"时，是否写作"(项)"。立法技术规范一第九条规范了"引用法律条文中第×项的表述"，第一款明确规定，引用某项时，该项的序号不加括号，表述为"第×项"，不表述为"第（×）项"。2016年6月28日，最高人民法院发布《关于印发〈人民法院民事裁判文书制作规范〉〈民事诉讼文书样式〉的通知》（法〔2016〕221号），在《民事诉讼文书样式》中明确规定：引用法律条款中的项的，一律使用汉字不加括号，例如"第一项"。因此，如果引用原文，"（项）"的标准写法是带括号；而如果表述为"第×项"，则不应该加括号。

（4）同时引用多项的表述方式。立法技术规范一第九条对此已作了规范，归纳一下，应当有以下几种表述方式：引用某条的某项时，如果该条只有一款，表述为"第×条第×项"；如果该条存在两款以上，则表述为"第×条第×款第×项"。引用两项时，表述为"第×条第×项、第×项"。引用三项以上的，对连续的项表述为"第×条第×项至×项"；对不连续的项，列出具体各项的序号，表述为"第×条第×项、第×项和第×项"。

6. 违法所得如何认定？

在农业行政处罚中，违法所得和货值金额的认定直接关系到对案件违法程度的定性及对没收、罚款额度的定量问题，直接关系到当事人的切身利益。

在农业行政处罚案件中，违法所得是指行政相对人违反相关法律规定，从事相关行业生产、经营活动所取得的销售收入。确定违法所得多数是为了确定案件裁量基准，相对于货值金额，违法所得的认定要明确得多。农业执法领域的法律、法规主要有《种子法》《农药管理条例》《肥料登记管理办法》《兽药管理条例》《饲料和饲料添加剂管理条例》《生猪屠宰条例》等。其中，《肥料登记管理办法》明确规定"违法所得是指违法生产、经营肥料的销售收入"；其他几个法律条文虽然对违法所得没有明确的定义，但农业农村部在多个复函及公告中明确了种子、兽药等违法案件中的"违法所得"按照从事违法生产经营产品的销售收入计算。以种子违法案件为例，违法所得是指违反《种子法》的规定，从事种子生产、经营活动所取得的销售收入，即"违法所得＝已售出种子产品数量×销售价格"。

需要注意的是，农业领域禁止生产经营假劣种子等农业投入品的规定，均属于管理性强制规定，不属于效力性强制规定。因此，相关农业投入品已经销售的，在民法上并非当然无效。所以对于赊销的投入品，虽然当事人没有收到货款，但可以认定销售事实已经发生。如果案发后经营者与购买者协商解除合同，尚能够退回违法涉案物品的，物品退还与货款返还同时发生，对于经营者不再计算违法所得，仅能没收涉案物品。对于已使用无法退回的，经营者可以向种子购买者进行退赔，没收违法所得时应作相应抵扣。

7. 行政处罚自由裁量权使用有哪些注意事项?

(1) 自由裁量权说明理由不可或缺。 在行政处罚决定书中对自由裁量权说明理由既是防止农业行政处罚机关滥用自由裁量权的要求，也是保护当事人合法权益的要求。《农业行政执法文书制作规范》第四十九条第六项明确规定，农业行政处罚机关在行政处罚决定书中应"从违法案件的具体事实、性质、情节、社会危害程度、主观过错等方面，对行政处罚自由裁量的依据和理由加以表述，阐明对当事人从重、从轻、减轻处罚的情形"，以强化对"自由裁量的依据和理由"的说明。

(2) 自由裁量权说明理由应有明确的依据。 农业行政处罚机关在作出不予处罚、从轻或减轻处罚、从重处罚等自由裁量权决定时，应明确说明相关依据。具体的依据有《行政处罚法》《农业农村部规范农业行政处罚自由裁量权办法》《兽药生产经营、奶畜养殖和生鲜乳收购运输从重处罚规定》《兽药严重违法行为从重处罚情形的公告》等，各地省、市（州）、县（区）政府制定的规范行政处罚自由裁量权规定以及各地省、市（州）、县（区）政府部门制定的自由裁量基准。农业执法实践中，常见错误是仅根据当事人主动配合调查即从轻处罚。这种做法不符合上述依据的任何规定，缺乏法律或文件依据，执法人员应注意避免。

(3) 自由裁量权说明理由应遵守一定规则。农业行政处罚机关在适用上述依据行使自由裁量权时，应遵守如下规则：对上位法与下位法之间有不同规定的，适用上位法。如《行政处罚法》中规定的过罚相当原则、处罚与教育相结合原则等应优先适用；上位法有原则性规定，下位法有具体规定且不违反上位法，不与上位法相抵触的，应当适用下位法；同一机关制定的依据，应当遵循新法优于旧法、特别法优于一般法的法律适用原则，并兼顾适用从旧兼从轻原则。如《兽药严重违法行为从重处罚情形的公告》优于《农业农村部规范农业行政处罚自由裁量权办法》适用；其他规范性文件（如农业农村部门制定的自由裁量基准）在不与上述规定相抵触的情况下，可以用于具体执法中对法律规范条文含义的理解以及实施行政处罚裁量的最直接依据。

8. 减轻处罚的情形有哪些？如何实施减轻处罚？

合理行政是依法行政的基本要求。合理行政是指行政机关实施行政管理，应当遵循公平、公正原则，行使自由裁量权应当符合法律目的，所采取的措施和手段应当必要、适当等。不同于司法实践，农业农村部门在执法活动中并未形成较为公认和固定的酌定减轻处罚的情形，在未对减轻的事实进行认定的情况下，不能进行减轻处罚，更不能遗漏处罚种类。掌握好"减轻"的尺度，应遵循法定原则。

(1) "减轻"必须具备法定条件，不宜随意"酌情"处理，办案人员不能只注意《行政处罚法》第三十二条中规定的"其他应当从轻或者减轻行政处罚的"的情节，而忽视了其中的"依法"两个字。正确理解此项规定，应该解释为"其他法律、法规、规章规定的从轻或者减轻行政处罚的"。

(2) 行政处罚与违法行为相适应就是指行政处罚必须与当事人的违法行为的事实、性质、情节及社会危害程度相适应，做到轻重有度。行政机关适用减轻处罚时，并非一定要适用最轻的处罚方式和最低的处罚幅度，而应根据案件的违法性质、情节及后果等具体情况予以裁量，酌定的范围不能减少处罚种类。减轻处罚是在法定的处罚方式和处罚幅度最低限以下进行，目前大部分行政处罚是针对罚款幅度方面的减轻，而不是将处罚种类减掉不罚。如《种子法》第七十六条规定了没收违法所得和种子、罚款和吊销种子生产经营许可证等处罚种类，减轻处罚时，处罚金额可以选择较小幅度，但没收违法所得和种子等处罚不能遗漏。

此外，为体现适用法律的严肃性和权力运行的规范性，适用减轻处罚还需保证材料充分。具体而言：一是对需要减轻处罚的案件，案卷材料中应有必要的法定减轻的证据材料；二是应在行政处罚决定书中写明减轻处罚所依据的法律条款；三是如有可能要建立"减轻"处罚审核制度。

9. 作出行政处罚决定时如何正确责令改正？

责令改正行为是指行政机关责令行政相对人对自己的违法行为进行改正和补救，以恢复社会正常秩序的行政行为。责令改正并非行政处罚，而是行政处罚前的一种补救性行政措施。《行政处罚法》第二十八条第一款规定："行政机关实施行政处罚时，应当责令当事人改正或者限期改正违法行为。"从法条中可看出，行政机关责令当事人改正或者限期改正违法行为的时间节点是"实施行政处罚时"。因此，责令改正可以先于行政处罚，也可以与行政处罚同时进行。故而，责令改正通知书可以与行政处罚决定书同时做出，也可以单独做出。其适用应遵循如下规则：

（1）**若法律、法规没有明确规定责令改正违法行为，则可与行政处罚决定书一并做出。**例如，《农药管理条例》第五十六条规定："农药经营者经营劣质农药的，由县级以上地方人民政府农业主管部门责令停止经营，没收违法所得、违法经营的农药和用于违法经营的工具、设备等，违法经营的农药货值金额不足 1 万元的，并处 2 000 元以上 2 万元以下罚款，货值金额 1 万元以上的，并处货值金额 2 倍以上 5 倍以下罚款；情节严重的，由发证机关吊销农药经营许可证；构成犯罪的，依法追究刑事责任。"这一规定将"责令改正违法行为"的时间节点设在案件处罚决定阶段，此时，"责令改正违法行为"应当在处罚决定书中一并表述，不必单独制作责令改正通知书，以提高行政效率，降低行政成本。

（2）若法律、法规明确规定责令改正违法行为，则既可以单独做出责令改正通知书，也可以与行政处罚决定书一并做出。例如，《种子法》第七十六条第一款规定："违反本法第三十二条、第三十三条、第三十四条规定，有下列行为之一的，由县级以上人民政府农业农村、林业草原主管部门责令改正，没收违法所得和种子；违法生产经营的货值金额不足一万元的，并处三千元以上三万元以下罚款；货值金额一万元以上的，并处货值金额三倍以上五倍以下罚款；可以吊销种子生产经营许可证：（一）未取得种子生产经营许可证生产经营种子的；（二）以欺骗、贿赂等不正当手段取得种子生产经营许可证的；（三）未按照种子生产经营许可证的规定生产经营种子的；（四）伪造、变造、买卖、租借种子生产经营许可证的；（五）不再具有繁殖种子的隔离和培育条件，或者不再具有无检疫性有害生物的种子生产地点或者县级以上人民政府林业草原主管部门确定的采种林，继续从事种子生产的；（六）未执行种子检验、检疫规程生产种子的。"由于该条文中明确规定了责令改正违法行为，此时，行政执法部门既可以单独做出责令改正通知书，也可以与行政处罚决定书一并做出。

（3）在制作责令改正通知书时，应符合文书要求。第一，决定责令改正应当有法律、法规、规章的规定，填写本文书时应当写明所依据的具体条款。第二，法律、法规、规章对逾期不改、拒不改正的后果有规定的，应当填写相应规定。

在实践中，正确理解和适用责令改正，对规范行政执法、提高执法水平具有重要的现实意义。

10. 如何正确告知当事人救济途径？

依据《行政处罚法》第五十九条第一款第五项、《农业行政处罚程序规定》第五十六条第一款第五项的规定，农业行政处罚决定书应当载明申请行政复议、提起行政诉讼的途径，即在农业行政处罚决定书最后部分，农业行政处罚机关应当完整、正确告知当事人在收到处罚决定书后一定期限内申请行政复议或者提起行政诉讼的权利。在告知具体行政复议机关、行政诉讼法院时，应注意完整性、准确性。依据《行政复议法》第十二条第一款、《行政诉讼法》第十八条第一款的规定，农业行政处罚案件的行政复议机关为同级人民政府或上级农业农村主管部门，行政诉讼则由农业农村主管部门所在地的基层人民法院管辖。但近几年，全国大部分地方开展了行政复议体制改革、基层人民法院一审行政案件集中管辖改革工作。

梳理各地改革方案，改革内容较为一致：在行政复议方面，省、市（州）、县（区）各级只保留一个行政复议机关，由本级人民政府统一行使行政复议职责，各级部门不再行使行政复议职责，各级司法行政部门（司法厅、司法局等）为本级人民政府的行政复议机构，依法办理本级人民政府行政复议事项，以本级人民政府的名义作出行政复议决定。在行政诉讼方面，实施辖区基层人民法院一审行政案件集中管辖，通常根据地理位置、交通条件、案件数量、审判力量等因素，来确定一个基层人民法院集中管辖非辖区内行政诉讼案件。综上所述，在告知具体行政复议机关时，建议按照改革所确定的复议机关告知；在告知行政诉讼管辖法院时，建议按照集中管辖法院名称告知，完整、准确告知当事人救济主体，以避免农业行政处罚机关在行政复议、行政诉讼过程中存在程序瑕疵的风险。

11. 行政处罚决定应当如何公开?

行政处罚决定公开是保障公民的知情权、参与权、表达权和监督权,建设法治政府的重要措施,是监督执法机关、提升执法能力和执法效果的重要途径,体现了行政处罚全流程公开的要求。

《行政处罚法》第五条第一款规定,"行政处罚遵循公正、公开的原则";第三十九条规定了行政处罚的实施机关、立案依据、实施程序和救济渠道等信息应当公示;第四十八条规定了"具有一定社会影响的行政处罚决定应当依法公开。公开的行政处罚决定被依法变更、撤销、确认违法或者确认无效的,行政机关应当在三日内撤回行政处罚决定信息并公开说明理由"。

从上述法条中可知,行政处罚决定公开应遵循以下要求:第一,明确公开的内容,包括行政处罚的实施机关、立案依据、实施程序和救济渠道等信息;第二,对行政处罚决定公开的范围作了限定,即"具有一定社会影响",这里所说的"具有一定社会影响"指的是行政处罚所涉及的违法行为具有很强的公共性,涉及公共监管需要;第三,要依法公开,包括公开的程序、时限、方式、内容等,应当"依法";第四,公开的行政处罚决定被依法变更、撤销、确认违法或者确认无效的,要在法定时限内撤回;第五,处罚信息决定的公开,可能会对自然人的名誉、法人的声誉造成不良或负面影响,因此,在行政处罚决定公开中,应处理好多种利益的竞争或冲突关系,避免"一刀切"。

行政处罚决定的公开,是行政机关的一项重要职责。《行政处罚法》对处罚决定公开的规定,赋予了行政机关比较大的裁量权,因此,在实践中要防止权力滥用问题。

12. 行政处罚决定无效的情形有哪些? 有什么法律后果?

行政处罚决定无效指的是行政处罚决定已经成立，但由于处罚决定有明显缺陷或法定无效而不具有法律效力的情形。

《行政处罚法》第三十八条规定："行政处罚没有依据或者实施主体不具有行政主体资格的，行政处罚无效。违反法定程序构成重大且明显违法的，行政处罚无效。"也就是说，行政处罚决定无效的情形包括：

(1) 行政处罚没有依据。一是没有实体法依据，指的是行政主体在实施行政处罚决定时，没有相关的实体法律规范作为依据，主要表现为现行的法律法规体系中没有规定，行政主体在实施行政行为时未列明依据或是在后续的诉讼中也未作补充；二是没有程序法依据，表现为行政行为的程序严重不合法，程序方面的违法达到重大且明显的程度。

(2) 实施主体不具有行政主体资格。主要包括没有得到法律、法规、规章授权的组织实施行政处罚，行政主体被撤销后仍然以原主体名义实施行政处罚等情形。

(3) 违反法定程序构成重大且明显违法的。行政机关实施行政处罚应当履行立案、调查、告知、听取陈述和申辩、听证、法制审核、集体讨论、作出决定、送达、执行等程序，未履行其中一项或多项的行为则可能被撤销，完全未履行或履行中有重大且明显违法情形的，应当确认行政处罚决定无效。

行政处罚决定无效主要有以下法律后果：

(1) 在实体法上，无效的行政处罚决定自发布之时就没有任何法律约束力，因此当事人不受它的拘束，当事人不履行它所规定的义务，不承担法律责任。

(2) 在程序法上，公民、法人或者其他组织因无效行政处罚决定导致其合法权益受损害的，可以向国家有关机关申请认定并宣布其无效。

(3) 在后果处理上，行政处罚决定被确认无效后，原则上应当尽可能恢复到处罚决定作出以前的状态。行政机关应当返还从当事人处取得的利益（例如罚没款物），取消要求当事人履行的所有义务，赔偿对当事人造成的损失。

另外，在实践中，应注意行政处罚决定无效和可撤销情形的区别。无效行政行为发生的原因是特别严重且明显的瑕疵，而可撤销行政行为发生的原因是合法要件缺损或行政决定不适当，属于一般的瑕疵。

13. 农业行政处罚简易程序应当如何实施？

农业行政处罚程序是农业行政处罚主体在开展农业行政处罚活动时必须遵循的方法、步骤、顺序和时限的总称。农业行政处罚程序又分为农业行政处罚简易程序和农业行政处罚一般程序。农业行政处罚的简易程序指农业行政处罚机关针对轻微的违法案件作出较轻微行政处罚时采用的相对简要的手续和方式。

《农业行政处罚程序规定》第二十五条规定："违法事实确凿并有法定依据，对公民处以二百元以下、对法人或者其他组织处以三千元以下罚款或者警告的行政处罚的，可以当场作出行政处罚决定。法律另有规定的，从其规定。"也就是说，农业行政处罚简易程序适用于案件事实清楚、证据确凿、处罚较轻的行政违法行为。"违法事实确凿"要求有证据证明违法事实存在，且证据应当充分。适用简易程序的案情简单，违法事实简单明了，无需进一步调查取证就足以证明案件的违法事实。一般情况下，采取警告和罚款两种行政处罚。

根据《农业行政处罚程序规定》第二十六条的规定，当场作出行政处罚决定时，农业行政执法人员应当遵守下列程序：（一）向当事人表明身份，出示行政执法证件。农业行政执法人员代表农业行政处罚机关履行法定职责，出示行政执法证件，表明有权实施该项处罚。了解执法人员的执法身份，是当事人应有的权利。对于不出示执法证件或者不能够证明其执法身份的，当事人可以拒绝接受处罚。（二）当场查清当事人的违法事实，收集和保存相关证据。当场处罚时，也要认真仔细收集证明案件事实的所有证据，不能够因为适用简易程序而忽略调查取证。（三）在行政处罚决定作出前，应当告知当事人拟作出决定的内容及事实、理由、依据，并告知当事人有权进行陈述和申辩。行政执法人员应当在当场作出行政处罚决定前，告知当事人违法事实，说明其所违反的法律以及给予的处罚等。（四）听取当事人陈述、申辩，并记入笔录。听取当事人的陈述和申辩，这是行政处罚简易程序的必要环节，否则处罚无效。执法人员应当认真听取当事人的有关意见，不能因为当事人提出异议而加重处罚。（五）填写预定格式、编有号码、盖有农业行政处罚机关印章的当场处罚决定书，由执法人员签名或者盖章，当场交付当事人；当事人拒绝签收的，应当在行政处罚决定书上注明。前款规定的行政处罚决定书应当载明当事人的违法行为，行政处罚的种类和依据、罚款数额、时间、地点，申请行政复议、提起行政诉讼的途径和期限以及行政机关名称。

此外，《农业行政处罚程序规定》第二十七条规定："农业行政执法人员应当在作出当场处罚决定之日起、在水上办理渔业行政违法案件的农业行政执法人员应当自抵岸之日起二日内，将案件的有关材料交至所属农业行政处罚机关归档保存。"

14. 农业行政处罚决定造成当事人损失的，如何赔偿？

所谓行政赔偿，是指行政机关（含法律法规授权组织，下同）及其工作人员，在行使行政职权的过程中，违法侵犯公民、法人或其他组织的合法权益并造成损害时，由国家承担的赔偿责任。农业行政处罚决定给当事人造成损失的，属于行政赔偿。

行政赔偿的构成要件有以下几个方面：一是主体要件。在行政赔偿案件中只有行使职权的行政机关及其工作人员才能成为侵权行为的主体，其他任何公民、法人或其他组织都不能成为行政赔偿案件的主体。二是行为要件。引起行政赔偿的行为必须是行政机关及其工作人员行使职权过程中做出的违法行为。这一要件包含两个方面，第一个是行政侵权主体的行为必须是执行职务的行为，而不是与职权无关的个人行为；第二个是行政主体执行职务的行为必须具有违法性。三是损害结果要件。包含以下四个方面的内容：第一个是损害必须是对公民、法人或其他组织的人身权、财产权造成的损害；第二个是损害必须是实际已经发生或一定会发生的；第三个是损害必须是合法权益受到损害；第四个是对特定人或特定群体做出的且已经达到一定程度的法定损害。

《行政处罚法》第七条第二款规定："公民、法人或者其他组织因行政机关违法给予行政处罚受到损害的，有权依法提出赔偿要求。"因此，当事人因行政机关违法给予农业行政处罚受到损害的，有权依法提出赔偿要求。赔偿请求人要求赔偿的，应当先向赔偿义务机关提出，也可以在申请行政复议或者提起行政诉讼时一并提出。赔偿请求人可以向共同赔偿义务机关中的任何一个赔偿义务机关要求赔偿，该赔偿义务机关应当先予赔偿。

15. 哪些情形应当依法快速、从重处罚？

为确保在发生突发事件时，行政机关能够依法采取相应的应对措施，及时有效实施管控，最大限度维护社会公共利益，《行政处罚法》对突发事件下的行政处罚实施做出了"依法快速、从重处罚"的制度安排。

所谓"依法快速、从重处罚"是指：首先，必须"依法"，只有在国家有关规定中有明确依据的，才能实施快速、从重处罚的程序；其次，在保障当事人合法权益的前提下，可以依据相关规定简化立案、调查取证、内部审批等流程，在较短时间内作出行政处罚决定；最后，在法定的处罚幅度内选择较重的处罚幅度。只有这样，才有利于在特殊时期及时有效惩戒违法行为，起到稳定社会秩序、妥善应对突发事件的作用。

《行政处罚法》第四十九条规定："发生重大传染病疫情等突发事件，为了控制、减轻和消除突发事件引起的社会危害，行政机关对违反突发事件应对措施的行为，依法快速、从重处罚。"适用这一条款有三个条件：一是要在发生突发事件的情况下，突发事件包括自然灾害、事故灾难、公共卫生事件和社会安全事件等；二是针对违反突发事件应对措施的情形，包括违反控制、封锁、划定警戒区、交通管制等控制措施的行为，也包括囤积居奇、哄抬物价、制假售假、哄抢财物、干扰破坏应急处置工作等扰乱市场秩序、社会秩序的行为；三是适用这一特别规定还要符合特定目的，即为了控制、减轻和消除突发事件引起的社会危害。

快速处罚程序的法律价值在于减少行政成本，提高行政效率。在应对重大突发事件的情景下，依法快速行政处罚具有迫切的现实需求，承载了特殊的制度功能。

16. 哪些情形应当从轻处罚？

从轻处罚，是指行政相对人有法定从轻处罚的情形，行政机关在实施行政处罚时，在法定的处罚种类和处罚幅度内，依法对行政相对人在几种所允许的处罚种类幅度内选择较轻的种类或者在一种处罚种类的幅度内选择较低的数额或较轻的方式进行处罚。

减轻处罚，是指行政相对人有法定减轻处罚的情形，行政机关在法定的处罚种类和处罚幅度最低限以下，对行政违法行为人实施行政处罚。包括选择比法定处罚种类更轻的处罚，以及在法定的处罚幅度最低限以下实施处罚。减轻处罚突破了有关处罚的法定种类和幅度，执法机关应当综合考虑具体案情，并在有明确法律依据的前提下慎重作出。

《行政处罚法》第三十二条规定："当事人有下列情形之一，应当从轻或者减轻行政处罚：（一）主动消除或者减轻违法行为危害后果的；（二）受他人胁迫或者诱骗实施违法行为的；（三）主动供述行政机关尚未掌握的违法行为的；（四）配合行政机关查处违法行为有立功表现的；（五）法律、法规、规章规定其他应当从轻或者减轻行政处罚的。"

根据上述规定，应当从轻处罚的情形主要有：

(1) 主动消除或者减轻违法行为危害后果的。 危害后果是行政违法行为对社会的最终表现形式，也是执法行为阻止或减缓其发生的最终目的。当事人"主动消除或者减轻"危害后果的发生，一方面反映了当事人有错即改的主观心理状态，另一方面也反映了当事人所采取措施的积极性、有效性。这里既要求当事人主观上有认错改过的心理和态度，也要求当事人在违法行为的第一现场能及时采取积极、有效的措施防止危害后果进一步扩大。此外，当事人的行为达到"消除或者减轻危害后果"这一标准，真正消除或减少社会危害性，是适用这一条件的客观要素。二者缺一不可。

(2) 受他人胁迫或者诱骗实施违法行为的。 受他人胁迫或者诱骗实施违法行为的当事人，一般处于被动地位，所起的作用较小，社会危害性也相应较轻。这里有两种情形需要区分：一种情形是当事人受他人胁迫或诱骗，但本人并未完全丧失意志与行动自由，在他人胁迫或者诱骗下实施的违法行为本质上仍然是受个人意志支配。这种情形适用《行政处罚法》第三十二条第二项的规定。第二种情形是当事人被他人完全控制，彻底失去意志和人身自由，这种情形下实施的违法行为应由真正的行为人即胁迫人或诱骗人承担法律责任，本人不应当受到处罚，因为其已经完全丧失了辨认或者控制自己行为的能力。

(3) 主动供述行政机关尚未掌握的违法行为的。 这里要求行为人具有认错的主动性，为行政执法节约成本，提高效率；同时，行政机关"尚未掌握的违法行为"既包括本人的其他违法行为，也包括其他人的违法行为。再者，主动供述的"违法行为"必须是经过查证属实的。对此，《行政处罚法》第四十六条第二款规定："证据必须经查证属实，方可作为认定案件事实的根据。"例如，在交通运输领域发生的"密封罐车运输货物与运输许可证不符"的违法行为人，为达到从轻或者减轻处罚的目的，随意编造其他运输车辆"违法"的事实上报。执法机关在未经查证的情况下，即适用《行政处罚法》第三十二条第四项"配合行政机关查处违法行为有立功表现的"之规定，对当事人从轻或减轻行政处罚的，就属于认定事实不清、适用法律错误的行为。

(4) 配合行政机关查处违法行为有立功表现的。当事人配合行政机关查处违法行为（包括查处涉及自身的违法行为或者涉及他人的违法行为），既是公民应当履行的义务，也是得以获得从轻或者减轻行政处罚的前提条件。由于配合行政机关查处违法行为达到立功的程度，超越了公民一般配合的义务，因此《行政处罚法》规定，应当作为从轻或者减轻的情形。这里"立功"的认定以及认定的条件和标准，执法机关应当有明确的法律依据。

(5) 法律、法规、规章规定其他应当从轻或者减轻行政处罚的。这是一个兜底条款，对《行政处罚法》之外的法律、法规、规章规定的应当从轻或者减轻行政处罚的法定情形，从其规定。

除上述《行政处罚法》第三十二条规定的法定情形外，《行政处罚法》第三十条还规定："已满十四周岁不满十八周岁的未成年人有违法行为的，应当从轻或者减轻行政处罚。"注意这里的规定是"应当"，不是"可以"，执法机关没有裁量权。而《行政处罚法》第三十一条规定："尚未完全丧失辨认或者控制自己行为能力的精神病人、智力残疾人有违法行为的，可以从轻或者减轻行政处罚。"注意这里的规定是"可以"，不是"应当"，执法机关有裁量权。

17. 农业行政处罚中如何适用"从旧兼从轻"原则？

"从旧兼从轻"原则与"法的溯及力"密切相关。何谓法的溯及力？

一部新法生效后，对于在它生效前还没有作出处罚决定的行为，如果能适用新法，就说明新法有溯及力，否则就是没有溯及力。"从旧兼从轻"是指原则上要适用行为发生时的法律，但是如果适用新法对行为人更有利，则应当适用新法。《行政处罚法》第三十七条明确规定："实施行政处罚，适用违法行为发生时的法律、法规、规章的规定。但是，作出行政处罚决定时，法律、法规、规章已被修改或者废止，且新的规定处罚较轻或者不认为是违法的，适用新的规定。"

值得注意的是，"从旧兼从轻"原则的适用要排除以下几种情形：

一是违法行为发生及处罚决定作出均是在新法实施之前，应当按照旧法的规定进行处罚，不适用新《行政处罚法》第三十七条之规定。

二是违法行为发生以及处罚决定作出均是在新法实施之后，应当按照新法的规定进行处罚，也不适用新《行政处罚法》第三十七条之规定。

三是违法行为符合新《行政处罚法》第三十六条的时效规定不再给予行政处罚的，不受新《行政处罚法》第三十七条调整。

18. 农业行政处罚中共同违法行为应当如何处理？

共同违法行为是指两人以上共同故意实施的违反行政管理秩序的行为。从本质上看，共同违法行为是实质意义上的"一事"或"一种行为"，而不是"多事"或"多行为"。共同违法行为的构成要件包括：①共同违法行为的主体不得少于2人。可以是2个以上自然人，也可以是2个以上的单位，也可以是自然人和单位。②共同违法主体客观上应当具有共同的行政违法行为，即各主体为追求同一违法结果、完成同一违法事实所实施的相互联系、相互配合的违法行为。该违法行为与违法结果之间存在因果关系。因此，从本质上看，共同违法行为是实质意义上的"一件事"或"一种行为"，而不是"多事"或"多种行为"。③共同违法主体在主观上应具有共同的违法故意，即多方行为者通过沟通，存在认识到共同行为会产生某种事实结果，决定共同实施该违法行为，并希望产生该结果的心理状态。

《行政处罚法》第四条规定："公民、法人或者其他组织违反行政管理秩序的行为，应当给予行政处罚的，依照本法法律、法规或者规章规定，由行政机关依照本法规定的程序实施。"由此可见，行政处罚的对象是有违反行政管理秩序行为的行政相对人，违反行政管理秩序的行为包括"共同违法"行为。

同时，《行政处罚法》没有明确规定对"共同违法"如何处罚，因此在处理共同违法行为时，应当注意以下几点：第一，对共同违法行为人不能分别立案，应该合并立案。共同违法行为本质上是一个违法行为，对一个违法行为分别立案，显然是违反不可重复评判精神的。第二，实体法明确规定对共同违法行为人需要分别处罚的，要根据共同违法行为中行为人的具体分工、参与程度、所起的作用等进行处罚。第三，实体法未明确规定对共同违法行为人应当单独处罚的，应当坚持"法无明确规定不予处罚"的原则，对共同违法行为人不能单独处罚，应当合并处罚。

对共同违法行为如何进行行政处罚，实践中做法也不尽相同。有的参照《刑法》共同犯罪的情况处理；有的对共同违法行为的当事人不做区分，各打五十板；有的直接对所有当事人进行共同处罚，有的则对共同违法行为的主要责任人进行处罚。笔者认为，作为一种特殊形式的违法行为，对共同违法行为进行行政处罚时，应当区分共同违法行为中违法行为人的作用、情节，分别进行行政处罚。

19. 农业行政处罚中的期间如何计算？

（1）关于追责时效。 行政处罚的追责时效是行政机关追究违法行为人的行政法律责任的法定有效期限。《行政处罚法》第三十六条规定："违法行为在二年内未被发现的，不再给予行政处罚；涉及公民生命健康安全、金融安全且有危害后果的，上述期限延长至五年。法律另有规定的除外。"前款规定的期限，从违法行为发生之日起计算；违法行为有连续或者继续状态的，从行为终了之日起计算。也就是说，涉及公民生命健康安全、金融安全且有危害后果的，追责时效是五年。这里有两个条件，一是违法行为涉及公民生命健康安全、金融安全；二是有危害后果。"药品安全""食品安全""特种设备安全""产品安全"等，在符合上述两个条件的情况下，适用五年的追责时效。

（2）关于办案期限。《行政处罚法》第六十条规定："行政机关应当自行政处罚案件立案之日起九十日内作出行政处罚决定。法律、法规、规章另有规定的，从其规定。"《农业行政处罚程序规定》的规定与之一致。适用一般程序办理的案件应当自立案之日起九十日内作出处理决定。鉴于《行政处罚法》规定，"法律、法规、规章另有规定的，从其规定"。故依据《农业行政处罚程序规定》，因案情复杂、调查取证困难等需要延长案件办理期限的，经本农业行政处罚机关负责人批准，可以延长三十日。案情特别复杂或者有其他特殊情况，延期后仍不能作出处理决定的，应当报经上一级农业行政处罚机关决定是否继续延期；决定继续延期的，应当同时确定延长的合理期限。案件办理过程中，中止、听证、公告、检验、检测、鉴定等时间不计入案件办理期限。

（3）关于听证期限。听证程序是指行政机关为了查明案件事实、公正合理地实施行政处罚，在作出行政处罚决定前通过公开举行由有关利害关系人参加的听证会，广泛听取意见的程序。《行政处罚法》第六十四条规定，听证应当依照以下程序组织：（一）当事人要求听证的，应当在行政机关告知后五日内提出；（二）行政机关应当在举行听证的七日前，通知当事人及有关人员听证的时间、地点。

2021年修订的《农业行政处罚程序规定》也对听证期限作了相应修改。根据《农业行政处罚程序规定》第六十一条、六十二条的规定，当事人要求听证的，应当在收到行政处罚事先告知书之日起五日内向听证机关提出；听证机关应当在举行听证会的七日前送达行政处罚听证会通知书，告知当事人及有关人员举行听证的时间、地点、听证人员名单及当事人可以申请回避和可以委托代理人等事项。

(4) 关于申请强制执行的期限。行政机关依法作出行政处罚决定后，对于行政处罚的履行，分三种方式完成：一是行政相对人自觉履行；二是行政机关在职权范围内强制执行；三是行政机关申请人民法院强制执行。

按照《行政强制法》，法律没有规定行政机关强制执行的，作出行政决定的行政机关应当申请人民法院强制执行，故农业行政处罚决定依法可以申请人民法院强制执行。根据《行政强制法》第五十三条的规定："当事人在法定期限内不申请行政复议或者提起行政诉讼，又不履行行政决定的，没有行政强制执行权的行政机关可以自期限届满之日起三个月内，依法申请人民法院强制执行。"同时，《行政处罚法》第七十二条第二款还规定："行政机关批准延期、分期缴纳罚款的，申请人民法院强制执行的期限，自暂缓或者分期缴纳罚款期限结束之日起计算。"

此外，需要注意的是，行政机关申请人民法院强制执行前，应当催告当事人履行义务。催告书送达十日后当事人仍未履行义务的，行政机关可以向所在地有管辖权的人民法院申请强制执行；执行对象是不动产的，向不动产所在地有管辖权的人民法院申请强制执行。

(5) 关于其他期间、期限。行政机关在收集证据时，可以采取抽样取证的方法；在证据可能灭失或者以后难以取得的情况下，经行政机关负责人批准，可以先行登记保存，并应当在七日内及时作出处理决定。在此期间，当事人或者有关人员不得销毁或者转移证据。

行政处罚决定书应当在宣告后当场交付当事人；当事人不在场的，行政机关应当在七日内依照《民事诉讼法》的有关规定，将行政处罚决定书送达当事人。

当事人应当自收到行政处罚决定书之日起十五日内，到指定的银行或者通过电子支付系统缴纳罚款。

执法人员当场收缴的罚款,应当自收缴罚款之日起二日内,交至行政机关;在水上当场收缴的罚款,应当自抵岸之日起二日内交至行政机关;行政机关应当在二日内将罚款缴付指定的银行。

关于工作日,《行政处罚法》明确规定,该法中"二日""三日""五日""七日"的规定是指工作日,不含法定节假日。

第八章 送　　达

1. 农业行政处罚机关如何直接有效地将行政处罚决定书送达当事人?

《农业行政处罚程序规定》第六十九条第一款明确规定,农业行政处罚机关送达行政处罚决定书,应当在宣告后当场交付当事人。如果当事人不在场,那么农业行政处罚机关便应当在七日内依照《民事诉讼法》的有关规定将行政处罚决定书送达当事人。其中,"七日内"是从行政处罚决定书上载明的日期的第二天开始起算;期间届满的最后一日是节假日的,以节假日后的第一日为期间届满的日期。这种将行政处罚决定书直接送达给当事人的方式,被称为直接送达。直接送达是最基本的一种送达方式,凡是能够直接送达的,都应当直接送达,以防止拖延行政处罚的执行。只有在直接送达确有困难时,方可酌情使用其他适宜的送达方式。

直接送达以直接送达受送达人本人为原则。但在送达实践中,经常发生受送达人本人不在场的情况。在此种情况下,根据《农业行政处罚程序规定》第七十条第二、三款的规定,可直接将行政处罚决定书交由其同住成年家属签收。至于哪些人员属于"同住成年家属"?通常认为需同时满足下列条件:一是与受送达人在送达时经常性地共同在同一居所、院落生活；二是具有完全民事行为能力；三是与当事人有近亲属关系或虽非近亲属，但与当事人有其他紧密关系的家庭人员，这里应该包括家庭长期使用的保姆。

若受送达人并非自然人，而是法人或者其他组织，根据《农业行政处罚程序规定》第七十条第二、三款的规定，此种情形下，便只能由法人的法定代表人、其他组织的主要负责人或者该法人、其他组织负责收件的有关人员签收。与此同时，受送达人有代理人的，可以直接送交其代理人签收；如果受送达人已向农业行政处罚机关指定代收人的，那么直接送交代收人签收即可。

必须注意的是，无论是直接送达，还是后面即将要提到的其他送达方式，农业行政处罚机构在送达行政处罚决定书时，都必须严格按照《农业行政处罚程序规定》第七十条第一款的要求进行送达，才能产生送达的效力，即农业行政处罚机关送达行政执法文书，应当使用送达回证，由受送达人或者受送达人的同住成年家属、法人或者其他组织负责收件的有关人员、代理人、代收人在送达回证上记明收到日期，并签名或者盖章。送达回证上的签收日期即为送达日期，行政处罚决定书自送达之日对当事人产生法律效力，当事人应当履行该决定所确定的义务；当事人如果不服，则可以通过提起行政复议或行政诉讼来寻求救济。如果没有使用送达回证，那么此种送达便不产生送达的效力。

2. 受送达人或者受送达人的同住成年家属、法人或者其他组织负责收件的有关人员、代理人、代收人拒绝接收行政执法文书时，送达人应该怎么办？

在执法实践中，如果受送达人或者受送达人的同住成年家属、法人或者其他组织负责收件的有关人员、代理人、代收人拒绝接收行政处罚决定书（具体主要表现为拒绝在送达回证上签字），那么送达人便可以通过留置送达的方式来完成送达。留置送达是指当受送达人本人或者受送达人的同住成年家属、法人或者其他组织负责收件的有关人员、代理人、代收人无正当理由拒绝在送达回证上签名或者盖章时,送达人员可依法将行政执法文书直接放置在受送达人的住所或其收发部门,并产生送达法律效力的送达方式。

《农业行政处罚程序规定》第七十一条就留置送达进行了明确规定。根据该规定,适用留置送达,必须注意以下两点:一是留置送达是以受送达人或者受送达人的同住成年家属、法人或者其他组织负责收件的有关人员、代理人、代收人拒绝接受行政执法文书为前提。如果仅仅是找不到受送达人和受送达人的同住成年家属、法人或者其他组织负责收件的有关人员、代理人、代收人,那么便不能采用留置送达的送达方式。二是留置送达要发生效力,还必须符合一定的要求。具体而言,当受送达人或者受送达人的同住成年家属、法人或者其他组织负责收件的有关人员、代理人、代收人拒绝接收行政执法文书时,送达人要么需要邀请有关基层组织或者其所在单位的代表到场,说明情况,在送达回证上记明拒收事由和日期,由送达人、见证人签名或者盖章,要么采用拍照、录像等方式记录送达过程,把行政执法文书留在受送达人的住所之后,才能最终发生送达的效力。前述有关基层组织或者所在单位的代表具体是指受送达人住所地的居民委员会、村民委员会的工作人员以及受送达人所在单位的工作人员。

此外,还需要特别说明的是,尽管《农业行政处罚程序规定》第七十一条规定适用留置送达的对象是拒绝接受行政执法文书的受送达人或者他的成年家属,没有明确说明拒绝接受行政执法文书的法人或者其他组织负责收件的有关人员、代理人、代收人是否也适用留置送达,但《农业行政处罚程序规定》第六十九条第一款第二句明确规定,当事人不在场的,应当在七日内依照《民事诉讼法》的有关规定将行政处罚决定书送达当事人;《民事诉讼法》第八十九条规定"受送达人或者他的同住成年家属拒绝接收诉讼文书的，送达人可以邀请有关基层组织或者所在单位的代表到场，说明情况，在送达回证上记明拒收事由和日期，由送达人、见证人签名或者盖章，把诉讼文书留在受送达人的住所；也可以把诉讼文书留在受送达人的住所，并采用拍照、录像等方式记录送达过程，即视为送达"；最高人民法院 2022 年修订的《关于适用〈中华人民共和国民事诉讼法〉的解释》第一百三十条亦明确规定，拒绝接受行政执法文件的法人或者其他组织负责收件的有关人员、代理人、代收人也适用留置送达。

3. 农业行政处罚机关因受送达人本人不在本行政区域等原因直接送达行政执法文书有困难时，是否可以委托其他更为方便的农业行政处罚机关来完成送达？

根据《农业行政处罚程序规定》第七十二条第一款的规定可知，农业行政处罚机关在此种情形下，是可以委托其他更为方便的农业行政处罚机构来完成送达的。此种送达方式，被称为委托送达。委托送达是指行政处罚机关直接送达行政执法文书有困难时（譬如当事人不在本行政区域内），可以委托其他更为方便的农业行政处罚机关代为送达的一种方式。作出处罚决定需要进行委托的农业行政机关被称为委托机关，接受送达任务的机关被称为受托机关。

实践中，农村行政处罚机关在适用委托送达时，必须注意以下几个方面：一是适用条件，即必须是农业行政处罚机关本身直接送达有困难时，才可以委托其他更为方便的农业行政处罚机关；二是委托机关在进行委托时，通常需要出具委托函，并附上需要送达的行政执法文书和送达回证。受托机关在收到委托机关的上述文件材料后应当进行登记，并自收到之日起十日内代为送达，然后将当事人签收后的送达回证及时退回委托送达的行政机关，自此送达完成，当事人的签收日期为送达日期。如果受托机关无法送达，那么应当将不能送达的原因及时告知委托机关，同时将送达文件及送达回证退回给委托机关。对于上述要求，尽管《农业行政处罚程序规定》并未直接规定，但《农业行政处罚程序规定》第六十九条第一款明确了"当事人不在场的，应当在七日内依照《民事诉讼法》的有关规定将行政处罚决定书送达当事人"。《民事诉讼法》第九十一条及最高人民法院《关于适用〈中华人民共和国民事诉讼法〉的解释》第一百三十四条就委托送达的具体要求进行了详细规定。其中，《民事诉讼法》第九十一条规定："直接送达诉讼文书有困难的，可以委托其他人民法院代为送达，或者邮寄送达。邮寄送达的，以回执上注明的收件日期为送达日期。"最高人民法院《关于适用〈中华人民共和国民事诉讼法〉的解释》第一百三十四条规定："依照民事诉讼法第九十一条规定，委托其他人民法院代为送达的，委托法院应当出具委托函，并附需要送达的诉讼文书和送达回证，以受送达人在送达回证上签收的日期为送达日期。委托送达的，受委托人民法院应当自收到委托函及相关诉讼文书之日起十日内代为送达。"

4. 农业行政处罚机关在何种情形下，可以适用邮寄送达？

邮寄送达是指农业行政处罚机关通过邮局以挂号、特快专递等形式将行政执法文书邮寄给受送达人的一种方式。根据《农业行政处罚程序规定》第七十二条第一款的规定，邮寄送达和委托送达一样，都是以农业行政处罚机关直接送达行政执法文书有困难为适用前提，即在农业行政处罚机关直接送达行政处罚文书有困难时，农业行政处罚机关既可以选择委托送达，也可以选择邮寄送达。据了解，大多数农业行政处罚机关在此种情形下会选择邮寄送达。邮寄送达的，受送达人及其代收人在签收时应当出示其有效身份证件并在回执上填写该证件的号码，其在邮件回执上签名、盖章或者按手印的，即为送达，挂号回执上注明的收件日期为送达日期。

农业行政处罚机关适用邮寄方式送达行政执法文书时，需要特别注意以下四点：

一是由于农业行政执法文书属于国家机关公文范畴，因此行政处罚机关在邮寄行政执法文书时应当选择国家邮政机构作为邮政送达的执行机构，其他方式送达会被司法裁判确认为送达程序瑕疵，直接影响送达效力。《邮政法》第五十五条明确规定："快递企业不得经营由邮政企业专营的信件寄递业务，不得寄递国家机关公文。"最高人民法院《关于以法院专递方式邮寄送达民事诉讼文书的若干规定》第一条也规定，人民法院直接送达诉讼文书有困难的，可以交由国家邮政机构（以下简称邮政机构）以法院专递方式邮寄送达。基于此，农业行政处罚机关只能交由国家邮政机构来完成邮寄送达，而不能交由国家邮政机构之外的其他快递企业来邮寄。司法实践中，如果行政机关通过国家邮政机构之外的快递企业邮寄送达法律文书，相关当事人一旦以此为理由申请行政复议、提起诉讼等，即使实体行为完全正确，这种程序的"瑕疵"也有可能造成具体行政行为的无效，或造成诉累，引起不必要的麻烦。

二是送达机关应妥善保存邮寄证明，以确定送达文书的时间并作为证据保存。目前，邮政特快专递邮件的网上查询时间为6个月，其他形式的特快专递也都有查询时间的限制，逾期未能在网上下载证明信息的，将无法有效证明邮寄送达的时间。

三是因受送达人自己提供或者确认的送达地址不准确、拒不提供送达地址、送达地址变更未及时告知行政处罚机关、受送达人本人或者受送达人指定的代收人拒绝签收而导致行政执法文书未能被受送达人实际接收的，文书退回之日视为送达之日，除非受送达人能够证明自己在行政执法文书送达的过程中没有过错。

四是受送达人及其代收人拒绝签收的，应由邮政机构的投递员记明情况后将邮件退回行政处罚机关，不能想当然直接采取留置、公告等送达方式来完成送达。

5. 转交送达是什么? 与委托送达有什么区别?

转交送达,是指行政处罚机关将需要送达的行政执法文书,交受送达人所在单位代收,然后,代收单位必须立即转交受送达人签收,受送达人签收的日期为送达日期。《民事诉讼法》第九十二条、九十三条规定了在下列三种情况下,可以适用转交送达:第一,受送达人是军人的,通过其所在部队团以上单位的政治机关转交。第二,受送达人被监禁的,通过其所在监所转交。这里的"监所"特指法定的羁押场所。我国现行法律规定的"监所"包括监狱、看守所、少年犯管教所等。第三,受送达人被采取强制性教育措施的,通过其所在强制性教育机构转交。

与委托送达相比,两者都是将行政执法文书交由其他单位来完成送达,区别在于:一是两者适用条件不一样,委托送达的适用条件为行政处罚机关直接送达行政执法文书有困难,而转交送达的适用条件为受送达人是军人、被监禁的人或者被采取强制性教育措施的人;二是受托单位与代收单位不一样,委托送达中,受委托的单位与委托单位同属于农业行政处罚机关,区别在于所属行政区域不一样,而转交送达中,代收单位属于军队、监所及强制性教育机构。在我国法律规范用语习惯中,通常将同性质单位之间的协作称为委托送达,将与监狱及军队之间的协作称为转交送达。

《农业行政处罚程序规定》并没有直接规定转交送达的送达方式,但《农业行政处罚程序规定》第六十九条明确规定了《民事诉讼法》相关规定的适用效力。而如上文所述,《民事诉讼法》第九十二条、九十三条明确规定了转交送达的送达方式。基于此,在出现受送达人是军人、被监禁的人、被采取强制性教育措施的特殊主体等情况下,应当认为农业行政处罚机关可以直接适用《民事诉讼法》关于转交送达的相关规定。

关于适用转交送达情况下送达日期的确定,《民事诉讼法》第九十四条作出明确规定，要求代为转交的机关、单位收到诉讼文书后，立即交受送达人签收，以送达回证上的签收日期为送达日期。

6. 在何种情况下，农业行政处罚机关可以通过传真、电子邮件、移动通信等即时收悉的特定系统，将行政执法文书送达当事人？

根据《农业行政处罚程序规定》第六十九条第二款的规定："当事人同意并签订确认书的，农业行政处罚机关可以通过传真、电子邮件、移动通信等即时收悉的特定系统，将行政执法文书送达当事人。"这种送达方式被称为电子送达。电子送达，作为互联网时代产生的新型送达方式，突破了传统地域送达的局限性，以"电子文书＋网络媒介"的方式将行政执法文书送至受送达人，突破了传统送达基于送达地址不明或偏远而产生的文书送达障碍。电子送达于 2012 年被写入《民事诉讼法》，2021 年也正式写入《行政处罚法》。与其他传统送达方式相比较，电子送达具有高效即时、成本低廉、法律风险低、留证清晰等优点。可以预见，在未来的行政执法实践活动中，电子送达方式将发挥越来越大的作用。

适用电子送达时，需要注意以下几个方面：

一是电子送达的适用以受送达人的同意为前提，且该同意必须以签订确认书为表现形式。一般情况下，行政处罚活动是以行政机关对当事人的监督检查为起点，这便为行政机关先行取得当事人同意，并让其填写确认书提供了便利。这与民事诉讼中受送达人书面确认的意思表示可能是在案件审理过程中，受送达人可能产生抵触情绪、相对难度较大的境况存在明显不同。实践中，受送达人在行政处罚文书送达地址确认书中自行提供传真号、电子邮箱地址等并签名确认的，便视为已同意电子送达方式。

二是农业行政处罚机关在通过传真、电子邮件、移动通信等即时收悉的特定系统，将行政执法文书送达当事人后，其对应系统显示发送成功的日期为送达日期。但受送达人能够证明到达其特定系统的日期与农业行政处罚机关对应系统显示发送成功的日期不一致的，以受送达人证明到达其特定系统的日期为准。对此，《民事诉讼法》第九十条第二款及最高人民法院《关于适用〈中华人民共和国民事诉讼法〉的解释》第一百三十五条进行了明确规定。

三是受送达人提供电子地址错误或者行政处罚机关发送网络地址错误的，行政处罚机关在知道或者发现后，应当在及时确认受送达人正确电子地址后补正发送，并对已发送的行政处罚文书采取相应的撤销措施。

最后，值得一提的是，电子送达作为一种新型送达方式，尽管具有各种便利，但不同的电子送达方式仍然存在一些细节问题，需要立法予以针对性的完善。比如采用移动通信的方式进行电子送达，此种方式只要当事人愿意签署确认书并提供手机号码，无需调查号码是否本人实名，只要相关信息到达该号码即认定送达。但移动通信的弊端是，手机系统可能被拦截，或者因为各种原因出现信息不全或遗漏关键信息等情况，立法需要进一步明确此类情况下送达的效力。

7. 农业行政处罚机关在何种情况下可以适用公告送达？

根据《农业行政处罚程序规定》第七十二条的规定，在受送达人下落不明，或者采用直接送达、留置送达、委托送达等方式无法送达的情况下，农业行政处罚机关便可以以张贴公告、登报等公开宣告的方式来送达行政执法文书。此种送达，被称为公告送达。公告送达本质上是一种推定送达方式，为充分保障受送达人相关权利，相关法律均要求严格适用公告送达。

适用公告送达时，需要注意以下几个方面：

一是只有在受送达人下落不明或者采用直接送达、留置送达、委托送达等方式无法送达的情况下，才可以考虑适用公告送达。其中，受送达人下落不明，是指自然人离开最后居住地后持续不断地没有音讯的一种状态，是可以适用公告送达的第一种情形，但受送达人下落不明的认定标准及认定程序等，当前法律并未具体规定。从严格适用公告送达的角度出发，不能直接将没找到或者没联系上受送达人等同于受送达人下落不明。实践中，行政处罚机关在找不到或者联系不上受送达人时，还需进一步与受送达人的亲属及受送达人居住地的村委会、社区进行联系，了解受送达人的行踪，即经有利害关系的联系人或有关组织查找或有关部门查询后，仍然不能联系到受送达人，才能将其认定为下落不明。除此之外，还有观点认为要构成下落不明，没有音讯还必须达到一定期限。尽管当前关于如何认定受送达人下落不明没有形成统一观点，但均认为，为保障受送达人权利，要慎重采用公告送达方式。公告送达作为七种法定送达方式中兜底的送达方式存在，只有在穷尽其他送达方式仍然无法送达的情况下，才能够适用公告送达。

二是凡采用公告送达行政执法文书的，应当记明公告送达的原因和经过，并将有关情况附卷备查。对此，尽管《农业行政处罚程序规定》未作明确要求，但《民事诉讼法》第九十五条第二款进行了明确规定。

三是公告送达可以在受送达人住所地张贴公告，也可以在报纸、信息网络等媒体上刊登公告，发出公告日期以最后张贴或者刊登的日期为准。对公告送达方式有特殊要求的，应当按要求的方式进行。且在受送达人住所地张贴公告，应当采取拍照、录像等方式记录张贴过程，尽管《农业行政处罚程序规定》未作规定，但最高人民法院《关于适用〈中华人民共和国民事诉讼法〉的解释》第一三十八条对此进行了详细规定。

四是关于送达日期，《农业行政处罚程序规定》第七十二条第三款明确规定，自发出公告之日起经过六十日，即视为送达。

8. 农业行政处罚机关需要在多长时间内进行行政执法文书送达？

根据《农业行政处罚程序规定》第六十九条第一款的规定，农业行政处罚机关送达行政处罚决定书，当事人在场的，应当在宣告后将行政处罚决定书直接交由当事人；当事人不在场的，应当在作出行政处罚决定后七日内将行政处罚决定书送达当事人。《民事诉讼法》第八十五条第二、三、四款规定，期间开始的时和日，是不计算在期间内的；且期间届满的最后一日是法定休假日的，以法定休假日后的第一日为期间届满的日期；期间不包括在途时间，诉讼文书在期满前交邮的，不算过期。基于此，上述"七日"的期限是从行政执法文书上载明的日期的第二天开始起算。如果期间届满的最后一日恰好是节假日的，那么节假日后的第一日为期间届满的日期。与此同时，上述七日内的期间要求是不包括在途时间的，行政执法文书只要在作出后七日内交付邮寄、进行委托送达或者依法进行公告送达等即可。因此，行政执法文书在期满前交邮的，不算过期。

第九章　执　　行

1. 被处罚人申请延期或者分期缴纳罚款应履行哪些程序?

《农业行政处罚程序规定》第八十一条规定:"当事人确有经济困难,需要延期或者分期缴纳罚款的,应当在行政处罚决定书确定的缴纳期限届满前,向作出行政处罚决定的农业行政处罚机关提出延期或者分期缴纳罚款的书面申请。农业行政处罚机关负责人批准当事人延期或者分期缴纳罚款后,应当制作同意延期(分期)缴纳罚款通知书,并送达当事人和收缴罚款的机构。农业行政处罚机关批准延期、分期缴纳罚款的,申请人民法院强制执行的期限,自暂缓或者分期缴纳罚款期限结束之日起计算。"

履行上述程序应当注意以下几个问题:一是必须经农业行政执法人员核实,当事人确有经济困难,需要延期或者分期缴纳罚款。二是必须在行政处罚决定书确定的缴纳期限届满前申请。三是必须由当事人向作出行政处罚决定的农业行政处罚机关书面提出延期或者分期缴纳罚款的申请。四是必须经农业行政处罚机关负责人批准,当事人方可延期或者分期缴纳罚款。五是农业行政处罚机关应当制作同意延期(分期)缴纳罚款通知书,并送达当事人和收缴罚款的机构。延期缴纳的,应当明确延期期限;分期缴纳的,应当明确每期缴纳的金额和期限。

最后,如果经农业行政处罚机关批准延期或者分期缴纳罚款,而当事人逾期不履行的，申请人民法院强制执行的期限，应自暂缓或者分期缴纳罚款期限结束之日起计算。

2. 当事人被判处的罚金数额低于被行政处罚的罚款数额，是否应当要求当事人执行行政罚款?

当事人违法行为涉嫌犯罪，农业行政处罚机关将案件移送公安机关的，自公安机关立案之日起，农业行政机关不再具有案件的管辖权，之后无论人民法院判处的罚金数额高低，农业行政处罚机关无权再进行处罚，不应要求当事人执行行政罚款。

3. 没收的违法产品应当如何处理?

《农业行政处罚程序规定》第八十二条规定："除依法应当予以销毁的物品外，依法没收的非法财物，必须按照国家规定公开拍卖或者按照国家有关规定处理。处理没收物品，应当制作罚没物品处理记录和清单。"

《罚没财物管理办法》第十四条规定，除法律法规另有规定外，容易损毁、灭失、变质、保管困难或者保管费用过高、季节性商品等不宜长期保存的物品，在确定为罚没财物前，经权利人同意或者申请，并经执法机关负责人批准，可以依法先行处置；权利人不明确的，可以依法公告，公告期满后仍没有权利人同意或者申请的，可以依法先行处置。先行处置所得款项按照涉案现金管理。

实践中，对于没收的农药、兽药、饲料和饲料添加剂、病死动物及动物产品等违法产品，应以农业行政处罚机关名义，书面报请同级财政部门批准后，交有资质的无害化处理单位做销毁处理。处理结束后，执法人员制作罚没物品处理记录，记录应当载明对罚没物品处理的时间、地点、方式，参与处理的执法人员及执法机构负责人应当在记录上签字。无害化处理单位出具销毁证明。罚没物品处理记录和清单、销毁证明，以及现场照片等一并入卷归档。

4. 行政复议和行政诉讼是否停止执行行政处罚决定？

《行政处罚法》第七十三条第一款规定："当事人对行政处罚决定不服，申请行政复议或者提起行政诉讼的，行政处罚不停止执行，法律另有规定的除外。"《农业行政处罚程序规定》第七十三条规定："当事人应当在行政处罚决定书确定的期限内，履行处罚决定。农业行政处罚决定依法作出后，当事人对行政处罚决定不服，申请行政复议或者提起行政诉讼的，除法律另有规定外，行政处罚决定不停止执行。"

对于这个问题，《行政复议法》和《行政诉讼法》对何种情形可以停止执行均作出了明确规定。

对于申请行政复议的，《行政复议法》第二十一条规定："行政复议期间具体行政行为不停止执行；但是，有下列情形之一的，可以停止执行：（一）被申请人认为需要停止执行的；（二）行政复议机关认为需要停止执行的；（三）申请人申请停止执行，行政复议机关认为其要求合理，决定停止执行的；（四）法律规定停止执行的。"

对于提起行政诉讼的，《行政诉讼法》第五十六条规定："诉讼期间，不停止行政行为的执行。但有下列情形之一的，裁定停止执行：（一）被告认为需要停止执行的；（二）原告或者利害关系人申请停止执行，人民法院认为该行政行为的执行会造成难以弥补的损失，并且停止执行不损害国家利益、社会公共利益的；（三）人民法院认为该行政行为的执行会给国家利益、社会公共利益造成重大损害的；（四）法律、法规规定停止执行的。当事人对停止执行或者不停止执行的裁定不服的，可以申请复议一次。"

因此，对于当事人申请行政复议或者提起行政诉讼的，除法律规定停止执行、人民法院裁定停止执行、行政复议机关决定或者认为需要停止执行，以及在申请复议期间农业行政处罚机关认为需要停止执行的以外，已经生效的行政处罚决定不停止执行。

5. 当事人拒不履行生效的农业行政处罚决定，农业行政处罚机关可以采取哪些措施？

对生效的农业行政处罚决定，当事人拒不履行的，作出农业行政处罚决定的农业行政处罚机关依法可以采取下列措施：

(1) 到期不缴纳罚款的，每日按罚款数额的百分之三加处罚款，加处罚款的数额不得超出罚款的数额。

(2) 根据法律规定，将查封、扣押的财物拍卖、依法处理或者将冻结的存款、汇款划拨抵缴罚款。农业行政处罚机关作出强制执行决定前，应当事先催告当事人履行义务。催告应当以书面形式作出，并载明下列事项：①履行义务的期限；②履行义务的方式；③涉及金钱给付的，应当有明确的金额和给付方式；④当事人依法享有的陈述权和申辩权。

(3) 当事人在法定期限内不申请行政复议或者提起行政诉讼，又不履行行政决定的，农业行政处罚机关可以自期限届满之日起三个月内，申请人民法院强制执行。行政机关应当在当事人超过义务履行期限之后，申请人民法院强制执行十天之前，向当事人发出催告。催告应当制作送达履行行政处罚决定催告书。催告书可以在行政复议和行政诉讼期限届满之前，也可以在期限届满之后发出。催告书送达十日后当事人仍未履行义务的，行政机关可以向所在地有管辖权的人民法院申请强制执行；执行对象是不动产的，向不动产所在地有管辖权的人民法院申请强制执行。强制执行的费用由被执行人承担，行政机关不缴纳强制执行费。需要注意的是，当事人未在催告期缴纳罚款或者延期、分期规定期限内缴纳罚款和其他处罚决定内容，农业行政处罚机关逾期申请的，人民法院不予执行。

6. 农业行政处罚机关查处案件，涉及需要吊销其他部门许可、批准许可证件的，应当如何处理？

《行政许可法》规定，行政许可由具有行政许可权的行政机关在其法定职权范围内实施。被许可人在作出行政许可决定的行政机关管辖区域外违法从事行政许可事项活动的，违法行为发生地的行政机关应当依法将被许可人的违法事实、处理结果抄告作出行政许可决定的行政机关。《农业行政处罚程序规定》第二十条规定："农业行政处罚机关查处案件，对依法应当由原许可、批准的部门作出吊销许可证件等农业行政处罚决定的，应当自作出处理决定之日起十五日内将查处结果及相关材料书面报送或告知原许可、批准的部门，并提出处理建议。"

对于农业领域市场经营主体，除了依法应当取得营业执照等许可证件外，农业法律、法规还设定了农业投入品的生产经营、农业生产经营者的主体资格等相关的准入制度。例如《农业法》第二十五条规定："农药、兽药、饲料和饲料添加剂、肥料、种子、农业机械等可能危害人畜安全的农业生产资料的生产经营，依照相关法律、行政法规的规定实行登记或者许可制度。"《种子法》《动物防疫法》《畜牧法》《渔业法》《农药管理条例》《兽药管理条例》《饲料和饲料添加剂管理条例》等法律、法规均有专门的准入规定，设定了诸如种子、种畜禽、农药、兽药的生产经营许可证，农药登记证、兽药批准证明文件，动物防疫条件合格证、动物诊疗许可证、执业兽医资格证书，渔业捕捞许可证等许可事项，在法律责任部分对违法行为规定了相应的吊销许可证件、限制从业等处罚措施。

农业行政处罚机关查处案件，涉及需要吊销其他部门许可、批准许可证件的，应当严格按照法律规定作出处罚决定，并将违法事实、处理结果、处理建议形成书面材料抄告行政许可证件上加盖公章的部门。当前，随着部分法律法规的修订，以及"放、管、服"和行政审批制度改革的不断深入，行政审批权在同级政府部门之间或者农业部门上下级之间不同程度地发生了一些变化，为防止因行政许可权的转移或变化而造成错误抄告，执法人员在抄告前应沟通确认接受抄告的部门。工作中还要注意截止时间是自农业行政处罚机关作出处理决定起十五日内，而不应误认为是结案时间。

7. 当场收缴罚款应当符合哪些条件？履行哪些程序？

农业行政处罚机关实施行政处罚，应当遵守罚缴分离的原则，除依法可以当场收缴的罚款外，作出行政处罚决定的行政机关及其执法人员不得自行收缴罚款。

《农业行政处罚程序规定》规定，适用简易程序当场作出行政处罚决定，符合依法给予一百元以下罚款；不当场收缴事后难以执行两个条件之一的，执法人员即可当场收缴罚款。适用普通程序的，在边远、水上、交通不便地区，行政机关及其执法人员依法作出罚款决定后，当事人到指定的银行或者通过电子支付系统缴纳罚款确有困难，经当事人提出，行政机关及其执法人员可以当场收缴罚款。即必须同时具备适用普通程序，在边远、水上、交通不便地区，当事人到指定的银行或者通过电子支付系统缴纳罚款确有困难，经当事人提出四个条件，行政机关及其执法人员方可当场收缴罚款。

农业行政处罚机关及其执法人员当场收缴罚款的，应当向当事人出具国务院财政部门或者省、自治区、直辖市财政部门统一制发的专用票据，不出具财政部门统一制发的专用票据的，当事人有权拒绝缴纳罚款。

农业行政执法人员当场收缴的罚款，应当自返回农业行政处罚机关所在地之日起二日内，交至农业行政处罚机关；在水上当场收缴的罚款，应当自抵岸之日起二日内交至农业行政处罚机关；农业行政处罚机关应当自收到款项之日起二日内将罚款交至指定的银行。

第十章 结案归档

1. 对法院已经受理的强制执行案件，是否可以结案？

行政处罚案件结案需具备两个条件。一是行政处罚机关对相应的职责已履行完毕。行政机关在案件处理过程中，已根据法律赋予的权力，完成了对案件事实的调查，对需要给予行政处罚的当事人已作出行政处罚的决定。二是所有需要执行的内容都已执行完毕。简单来说，结案的条件就是"该办的已经办完了"。

根据《农业行政处罚程序》第八十四条的规定："有下列情形之一的，农业行政处罚机关可以结案：（一）行政处罚决定由当事人履行完毕的；（二）农业行政处罚机关依法申请人民法院强制执行行政处罚决定，人民法院依法受理的；（三）不予行政处罚等无须执行的；（四）行政处罚决定被依法撤销的；（五）农业行政处罚机关认为可以结案的其他情形。农业行政执法人员应当填写行政处罚结案报告，经农业行政处罚机关负责人批准后结案。"从上述法条得知，对法院已经受理的强制执行案件，可以结案。

实践中，农业行政处罚决定的内容主要是通过被处罚人自主履行或者是农业行政处罚机关直接执行的形式来实现。但是在一些案件过程中，会出现被处罚人不配合的情形，农业行政处罚机关需要向法院申请强制执行，此时，法院只要受理案件，行政处罚机关就可以结案，无须等到人民法院执行完毕后再结案。

2. 立卷归档有哪些要求?

立卷归档,是指农业行政执法机关对行政处罚等行政执法活动中形成的、能反映案件真实情况、有保存价值的各种文字、图标、声像、证物等,按照行政执法的客观进程形成文书时间的自然顺序进行收集、整理的过程。

农业行政处罚机关对于已经结案的行政处罚案件,应当按照一案一卷、文书齐全、手续完备的要求,及时将案件材料立卷归档。普通程序案件按年度、一案一号的原则,单独立卷;简易程序案件可以多案合并组卷,每卷不超过 50 个案件。

案卷归档一般包括材料整理,排序编号,填写卷宗封面、卷内目录、卷内备考表和装订入盒等步骤。案卷材料应当按顺序装订。

在整理归档材料时,简易程序案件包括当场处罚决定书、罚款收据、其他文件材料;普通程序案件包括立案材料、调查取证材料、审查决定材料、处罚执行材料等,当事人提起行政复议或者行政诉讼形成的文件材料,可以合并入原案卷保管,或者另行立卷保管。

还需注意以下几点:一是归档的文件材料种类、份数以及每份文件的页数均应齐整完全。二是文件的排列要有条理、有联系,注意批复在前,请示在后;文件在前,附件在后。三是文件排列完毕后,应依次编写页号,逐件填写卷内文件目录。四是案卷装订前应检查卷内文件的完整性和排列顺序,防止出现文件缺失等情况。五是案卷制作完成后,立卷单位应当确定保管期限,编写案卷号。六是案卷移交之后,不得修改案卷内容。

3. 制作《行政处罚结案报告》应该注意哪些事项?

《行政处罚结案报告》是指案件办理终结后,行政执法人员报请行政处罚机关负责人批准结案的文书。《农业行政处罚程序规定》第八十四条规定，农业行政执法人员应当填写行政处罚结案报告，经农业行政处罚机关负责人批准后结案。有下列情形之一的，农业行政处罚机关可以结案：

（一）行政处罚决定由当事人履行完毕的；

（二）农业行政处罚机关依法申请人民法院强制执行行政处罚决定，人民法院依法受理的；

（三）不予行政处罚等无须执行的；

（四）行政处罚决定被依法撤销的；

（五）农业行政处罚机关认为可以结案的其他情形。

农业行政执法人员应当在行政处罚案件结案时制作《行政处罚结案报告》，报请农业行政处罚机关负责人批准。行政执法人员在制作《行政处罚结案报告》时，应该注意以下事项：

案件名称按照"当事人姓名（名称）＋违法行为性质＋案"的方式表述。案件终止调查、违法事实不能成立、立案调查后移送其他行政管理部门和司法机关等处理决定，按照"当事人姓名（名称）＋涉嫌＋违法行为性质＋案"的方式表述。"处理决定"一栏填写行政处罚决定书文号。结案情况按照结案报告中对应的情形勾选即可。不予行政处罚的应当写明理由；予以撤销案件的，写明撤销的理由。行政处罚内容应与行政处罚决定书的内容一致。承办人、执法机构、法制机构的意见要明确，并分别签字，最后由行政机关负责人写明是否结案的意见并签字。

4. 可否对归档的案卷进行修改？

案卷是指行政主体的行政行为所依据的证据、记录和法律文书等，根据一定的顺序组成的书面材料。案卷是行政行为作出过程和支持行政行为合法性的重要依据。正式的行政程序必须有案卷，这是依法行政的基本要素之一。

《农业行政处罚程序规定》第八十六条规定："案件立卷归档后，任何单位和个人不得修改、增加或者抽取案卷材料，不得修改案卷内容。"《农业行政执法文书制作规范》第六十九条第二款规定："案卷归档，不得私自增加或者抽取案卷材料，不得修改案卷内容。"因此，已经归档的案卷是不可以修改的。

5. 案卷归档的顺序是怎样的？

一般来讲，行政处罚案卷的归档步骤大致分为九个，分别是文件收集、文件排序、页码编写、卷内文件目录著录、填写备考表、拟写案卷标题、案卷装订、编写案卷号和编制案卷目录、案卷移交。经过这些步骤，一般可保证制作的案卷文书完备、手续齐全。

在材料排序编号时，简易程序案卷同一案件按当场处罚决定书、罚款收据（现场收缴的将收据号码登记在行政处罚决定书上）、其他文件材料的顺序排列，不同案件按结案时间先后顺序排列；普通程序案卷按照执法办案流程的时间先后顺序排列（档案管理部门另有规定的从其规定）。一般情况下，对于同一事项的批复与请示，批复、批示在前，请示、报告在后。

普通程序案件的文书材料一般按照下列顺序排列：①案卷封面；②卷内目录；③行政处罚决定书；④立案审批表；⑤当事人身份证明；⑥现场笔录、询问笔录、抽样取证凭证、证据先行登记保存清单、证据先行登记保存处理决定书、鉴定意见等；⑦违法行为调查报告、违法行为通知书等；⑧案件处理意见书、行政处罚事先告知书等；⑨听证会通知书、听证公告、听证笔录、听证报告书等听证文书；⑩行政处罚决定审批表；⑪送达回证等回执证明文件；⑫执行的票据等材料；⑬罚没物品处理记录等；⑭履行行政处罚决定催告书、强制执行申请书、案件移送函等；⑮行政处罚结案报告；⑯备考表。

附　　录

中华人民共和国行政处罚法

（1996 年 3 月 17 日第八届全国人民代表大会第四次会议通过　根据 2009 年 8 月 27 日第十一届全国人民代表大会常务委员会第十次会议《关于修改部分法律的决定》第一次修正　根据 2017 年 9 月 1 日第十二届全国人民代表大会常务委员会第二十九次会议《关于修改〈中华人民共和国法官法〉等八部法律的决定》第二次修正　2021 年 1 月 22 日第十三届全国人民代表大会常务委员会第二十五次会议修订）

目　　录

第一章　总　　则

第一条　为了规范行政处罚的设定和实施，保障和监督行政机关有效实施行政管理，维护公共利益和社会秩序，保护公民、法人或者其他组织的合法权益，根据宪法，制定本法。

第二条　行政处罚是指行政机关依法对违反行政管理秩序的公民、法人或者其他组织，以减损权益或者增加义务的方式予以惩戒的行为。

第三条　行政处罚的设定和实施，适用本法。

第四条　公民、法人或者其他组织违反行政管理秩序的行为，应当给予行政处罚的，依照本法由法律、法规、规章规定，并由行政机关依照本法规定的程序实施。

第五条　行政处罚遵循公正、公开的原则。

设定和实施行政处罚必须以事实为依据，与违法行为的事实、性质、情节以及社会危害程度相当。

对违法行为给予行政处罚的规定必须公布；未经公布的，不得作为行政处罚的依据。

第六条　实施行政处罚，纠正违法行为，应当坚持处罚与教育相结合，教育公民、法人或者其他组织自觉守法。

第七条　公民、法人或者其他组织对行政机关所给予的行政处罚，享有陈述权、申辩权；对行政处罚不服的，有权依法申请行政复议或者提起行政诉讼。

公民、法人或者其他组织因行政机关违法给予行政处罚受到损害的，有权依法提出赔偿要求。

第八条　公民、法人或者其他组织因违法行为受到行政处罚，其违法行为对他人造成损害的，应当依法承担民事责任。

违法行为构成犯罪，应当依法追究刑事责任的，不得以行政处罚代替刑事处罚。

第二章　行政处罚的种类和设定

第九条　行政处罚的种类：

（一）警告、通报批评；

（二）罚款、没收违法所得、没收非法财物；

（三）暂扣许可证件、降低资质等级、吊销许可证件；

（四）限制开展生产经营活动、责令停产停业、责令关闭、限制从业；

（五）行政拘留；

（六）法律、行政法规规定的其他行政处罚。

第十条 法律可以设定各种行政处罚。

限制人身自由的行政处罚，只能由法律设定。

第十一条 行政法规可以设定除限制人身自由以外的行政处罚。

法律对违法行为已经作出行政处罚规定，行政法规需要作出具体规定的，必须在法律规定的给予行政处罚的行为、种类和幅度的范围内规定。

法律对违法行为未作出行政处罚规定，行政法规为实施法律，可以补充设定行政处罚。拟补充设定行政处罚的，应当通过听证会、论证会等形式广泛听取意见，并向制定机关作出书面说明。行政法规报送备案时，应当说明补充设定行政处罚的情况。

第十二条 地方性法规可以设定除限制人身自由、吊销营业执照以外的行政处罚。

法律、行政法规对违法行为已经作出行政处罚规定，地方性法规需要作出具体规定的，必须在法律、行政法规规定的给予行政处罚的行为、种类和幅度的范围内规定。

法律、行政法规对违法行为未作出行政处罚规定，地方性法规为实施法律、行政法规，可以补充设定行政处罚。拟补充设定行政处罚的，应当通过听证会、论证会等形式广泛听取意见，并向制定机关作出书面说明。地方性法规报送备案时，应当说明补充设定行政处罚的情况。

第十三条 国务院部门规章可以在法律、行政法规规定的给予行政处罚的行为、种类和幅度的范围内作出具体规定。

尚未制定法律、行政法规的，国务院部门规章对违反行政管理秩序的行为，可以设定警告、通报批评或者一定数额罚款的行政处罚。罚款的限额由国务院规定。

第十四条 地方政府规章可以在法律、法规规定的给予行政处罚的行为、种类和幅度的范围内作出具体规定。

尚未制定法律、法规的，地方政府规章对违反行政管理秩序的行为，可以设定警告、通报批评或者一定数额罚款的行政处罚。罚款的限额由省、自治区、直辖市人民代表大会常务委员会规定。

第十五条　国务院部门和省、自治区、直辖市人民政府及其有关部门应当定期组织评估行政处罚的实施情况和必要性，对不适当的行政处罚事项及种类、罚款数额等，应当提出修改或者废止的建议。

第十六条　除法律、法规、规章外，其他规范性文件不得设定行政处罚。

第三章　行政处罚的实施机关

第十七条　行政处罚由具有行政处罚权的行政机关在法定职权范围内实施。

第十八条　国家在城市管理、市场监管、生态环境、文化市场、交通运输、应急管理、农业等领域推行建立综合行政执法制度，相对集中行政处罚权。

国务院或者省、自治区、直辖市人民政府可以决定一个行政机关行使有关行政机关的行政处罚权。

限制人身自由的行政处罚权只能由公安机关和法律规定的其他机关行使。

第十九条　法律、法规授权的具有管理公共事务职能的组织可以在法定授权范围内实施行政处罚。

第二十条　行政机关依照法律、法规、规章的规定，可以在其法定权限内书面委托符合本法第二十一条规定条件的组织实施行政处罚。行政机关不得委托其他组织或者个人实施行政处罚。

委托书应当载明委托的具体事项、权限、期限等内容。委托行政机关和受委托组织应当将委托书向社会公布。

委托行政机关对受委托组织实施行政处罚的行为应当负责监督，并对该行为的后果承担法律责任。

受委托组织在委托范围内，以委托行政机关名义实施行政处罚；不得再委托其他组织或者个人实施行政处罚。

第二十一条 受委托组织必须符合以下条件：

（一）依法成立并具有管理公共事务职能；

（二）有熟悉有关法律、法规、规章和业务并取得行政执法资格的工作人员；

（三）需要进行技术检查或者技术鉴定的，应当有条件组织进行相应的技术检查或者技术鉴定。

第四章 行政处罚的管辖和适用

第二十二条 行政处罚由违法行为发生地的行政机关管辖。法律、行政法规、部门规章另有规定的，从其规定。

第二十三条 行政处罚由县级以上地方人民政府具有行政处罚权的行政机关管辖。法律、行政法规另有规定的，从其规定。

第二十四条 省、自治区、直辖市根据当地实际情况，可以决定将基层管理迫切需要的县级人民政府部门的行政处罚权交由能够有效承接的乡镇人民政府、街道办事处行使，并定期组织评估。决定应当公布。

承接行政处罚权的乡镇人民政府、街道办事处应当加强执法能力建设，按照规定范围、依照法定程序实施行政处罚。

有关地方人民政府及其部门应当加强组织协调、业务指导、执法监督，建立健全行政处罚协调配合机制，完善评议、考核制度。

第二十五条 两个以上行政机关都有管辖权的，由最先立案的行政机关管辖。

对管辖发生争议的，应当协商解决，协商不成的，报请共同的上一级行政机关指定管辖；也可以直接由共同的上一级行政机关指定管辖。

第二十六条 行政机关因实施行政处罚的需要，可以向有关机关提出协助请求。协助事项属于被请求机关职权范围内的，应当依法予以协助。

第二十七条 违法行为涉嫌犯罪的，行政机关应当及时将案件移送司法机关，依法追究刑事责任。对依法不需要追究刑事责任或者免予刑事处罚，但应当给予行政处罚的，司法机关应当及时将案件移送有关行政机关。

行政处罚实施机关与司法机关之间应当加强协调配合，建立健全案件移送制度，加强证据材料移交、接收衔接，完善案件处理信息通报机制。

第二十八条　行政机关实施行政处罚时，应当责令当事人改正或者限期改正违法行为。

当事人有违法所得，除依法应当退赔的外，应当予以没收。违法所得是指实施违法行为所取得的款项。法律、行政法规、部门规章对违法所得的计算另有规定的，从其规定。

第二十九条　对当事人的同一个违法行为，不得给予两次以上罚款的行政处罚。同一个违法行为违反多个法律规范应当给予罚款处罚的，按照罚款数额高的规定处罚。

第三十条　不满十四周岁的未成年人有违法行为的，不予行政处罚，责令监护人加以管教；已满十四周岁不满十八周岁的未成年人有违法行为的，应当从轻或者减轻行政处罚。

第三十一条　精神病人、智力残疾人在不能辨认或者不能控制自己行为时有违法行为的，不予行政处罚，但应当责令其监护人严加看管和治疗。间歇性精神病人在精神正常时有违法行为的，应当给予行政处罚。尚未完全丧失辨认或者控制自己行为能力的精神病人、智力残疾人有违法行为的，可以从轻或者减轻行政处罚。

第三十二条　当事人有下列情形之一，应当从轻或者减轻行政处罚：

（一）主动消除或者减轻违法行为危害后果的；

（二）受他人胁迫或者诱骗实施违法行为的；

（三）主动供述行政机关尚未掌握的违法行为的；

（四）配合行政机关查处违法行为有立功表现的；

（五）法律、法规、规章规定其他应当从轻或者减轻行政处罚的。

第三十三条　违法行为轻微并及时改正，没有造成危害后果的，不予行政处罚。初次违法且危害后果轻微并及时改正的，可以不予行政处罚。

当事人有证据足以证明没有主观过错的，不予行政处罚。法律、行政法规另有规定的，从其规定。

对当事人的违法行为依法不予行政处罚的，行政机关应当对当事人进行教育。

第三十四条　行政机关可以依法制定行政处罚裁量基准，规范行使行政处罚裁量权。行政处罚裁量基准应当向社会公布。

第三十五条 违法行为构成犯罪，人民法院判处拘役或者有期徒刑时，行政机关已经给予当事人行政拘留的，应当依法折抵相应刑期。

违法行为构成犯罪，人民法院判处罚金时，行政机关已经给予当事人罚款的，应当折抵相应罚金；行政机关尚未给予当事人罚款的，不再给予罚款。

第三十六条 违法行为在二年内未被发现的，不再给予行政处罚；涉及公民生命健康安全、金融安全且有危害后果的，上述期限延长至五年。法律另有规定的除外。

前款规定的期限，从违法行为发生之日起计算；违法行为有连续或者继续状态的，从行为终了之日起计算。

第三十七条 实施行政处罚，适用违法行为发生时的法律、法规、规章的规定。但是，作出行政处罚决定时，法律、法规、规章已被修改或者废止，且新的规定处罚较轻或者不认为是违法的，适用新的规定。

第三十八条 行政处罚没有依据或者实施主体不具有行政主体资格的，行政处罚无效。

违反法定程序构成重大且明显违法的，行政处罚无效。

第五章 行政处罚的决定

第一节 一般规定

第三十九条 行政处罚的实施机关、立案依据、实施程序和救济渠道等信息应当公示。

第四十条 公民、法人或者其他组织违反行政管理秩序的行为，依法应当给予行政处罚的，行政机关必须查明事实；违法事实不清、证据不足的，不得给予行政处罚。

第四十一条 行政机关依照法律、行政法规规定利用电子技术监控设备收集、固定违法事实的，应当经过法制和技术审核，确保电子技术监控设备符合标准、设置合理、标志明显，设置地点应当向社会公布。

电子技术监控设备记录违法事实应当真实、清晰、完整、准确。行政机关应当审核记录内容是否符合要求；未经审核或者经审核不符合要求的，不得作为行政处罚的证据。

行政机关应当及时告知当事人违法事实，并采取信息化手段或者其他措施，为当事人查询、陈述和申辩提供便利。不得限制或者变相限制当事人享有的陈述权、申辩权。

第四十二条　行政处罚应当由具有行政执法资格的执法人员实施。执法人员不得少于两人，法律另有规定的除外。

执法人员应当文明执法，尊重和保护当事人合法权益。

第四十三条　执法人员与案件有直接利害关系或者有其他关系可能影响公正执法的，应当回避。

当事人认为执法人员与案件有直接利害关系或者有其他关系可能影响公正执法的，有权申请回避。

当事人提出回避申请的，行政机关应当依法审查，由行政机关负责人决定。决定作出之前，不停止调查。

第四十四条　行政机关在作出行政处罚决定之前，应当告知当事人拟作出的行政处罚内容及事实、理由、依据，并告知当事人依法享有的陈述、申辩、要求听证等权利。

第四十五条　当事人有权进行陈述和申辩。行政机关必须充分听取当事人的意见，对当事人提出的事实、理由和证据，应当进行复核；当事人提出的事实、理由或者证据成立的，行政机关应当采纳。

行政机关不得因当事人陈述、申辩而给予更重的处罚。

第四十六条　证据包括：

（一）书证；

（二）物证；

（三）视听资料；

（四）电子数据；

（五）证人证言；

（六）当事人的陈述；

（七）鉴定意见；

（八）勘验笔录、现场笔录。

证据必须经查证属实，方可作为认定案件事实的根据。

以非法手段取得的证据，不得作为认定案件事实的根据。

第四十七条　行政机关应当依法以文字、音像等形式，对行政处罚的启动、调查取证、审核、决定、送达、执行等进行全过程记录，归档保存。

第四十八条　具有一定社会影响的行政处罚决定应当依法公开。

公开的行政处罚决定被依法变更、撤销、确认违法或者确认无效的，行政机关应当在三日内撤回行政处罚决定信息并公开说明理由。

第四十九条　发生重大传染病疫情等突发事件，为了控制、减轻和消除突发事件引起的社会危害，行政机关对违反突发事件应对措施的行为，依法快速、从重处罚。

第五十条　行政机关及其工作人员对实施行政处罚过程中知悉的国家秘密、商业秘密或者个人隐私，应当依法予以保密。

第二节　简易程序

第五十一条　违法事实确凿并有法定依据，对公民处以二百元以下、对法人或者其他组织处以三千元以下罚款或者警告的行政处罚的，可以当场作出行政处罚决定。法律另有规定的，从其规定。

第五十二条　执法人员当场作出行政处罚决定的，应当向当事人出示执法证件，填写预定格式、编有号码的行政处罚决定书，并当场交付当事人。当事人拒绝签收的，应当在行政处罚决定书上注明。

前款规定的行政处罚决定书应当载明当事人的违法行为，行政处罚的种类和依据、罚款数额、时间、地点，申请行政复议、提起行政诉讼的途径和期限以及行政机关名称，并由执法人员签名或者盖章。

执法人员当场作出的行政处罚决定，应当报所属行政机关备案。

第五十三条　对当场作出的行政处罚决定，当事人应当依照本法第六十七条至第六十九条的规定履行。

第三节　普通程序

第五十四条　除本法第五十一条规定的可以当场作出的行政处罚外，行政机关发现公民、法人或者其他组织有依法应当给予行政处罚的行为的，必须全面、客观、公正地调查，收集有关证据；必要时，依照法律、法规的规定，可以进行检查。

符合立案标准的，行政机关应当及时立案。

第五十五条　执法人员在调查或者进行检查时，应当主动向当事人或者有关人员出示执法证件。当事人或者有关人员有权要求执法人员出示执法证件。执法人员不出示执法证件的，当事人或者有关人员有权拒绝接受调查或者检查。

当事人或者有关人员应当如实回答询问，并协助调查或者检查，不得拒绝或者阻挠。询问或者检查应当制作笔录。

第五十六条　行政机关在收集证据时，可以采取抽样取证的方法；在证据可能灭失或者以后难以取得的情况下，经行政机关负责人批准，可以先行登记保存，并应当在七日内及时作出处理决定，在此期间，当事人或者有关人员不得销毁或者转移证据。

第五十七条　调查终结，行政机关负责人应当对调查结果进行审查，根据不同情况，分别作出如下决定：

（一）确有应受行政处罚的违法行为的，根据情节轻重及具体情况，作出行政处罚决定；

（二）违法行为轻微，依法可以不予行政处罚的，不予行政处罚；

（三）违法事实不能成立的，不予行政处罚；

（四）违法行为涉嫌犯罪的，移送司法机关。

对情节复杂或者重大违法行为给予行政处罚，行政机关负责人应当集体讨论决定。

第五十八条　有下列情形之一，在行政机关负责人作出行政处罚的决定之前，应当由从事行政处罚决定法制审核的人员进行法制审核；未经法制审核或者审核未通过的，不得作出决定：

（一）涉及重大公共利益的；

（二）直接关系当事人或者第三人重大权益，经过听证程序的；

（三）案件情况疑难复杂、涉及多个法律关系的；

（四）法律、法规规定应当进行法制审核的其他情形。

行政机关中初次从事行政处罚决定法制审核的人员，应当通过国家统一法律职业资格考试取得法律职业资格。

第五十九条 行政机关依照本法第五十七条的规定给予行政处罚，应当制作行政处罚决定书。行政处罚决定书应当载明下列事项：

（一）当事人的姓名或者名称、地址；

（二）违反法律、法规、规章的事实和证据；

（三）行政处罚的种类和依据；

（四）行政处罚的履行方式和期限；

（五）申请行政复议、提起行政诉讼的途径和期限；

（六）作出行政处罚决定的行政机关名称和作出决定的日期。

行政处罚决定书必须盖有作出行政处罚决定的行政机关的印章。

第六十条 行政机关应当自行政处罚案件立案之日起九十日内作出行政处罚决定。法律、法规、规章另有规定的，从其规定。

第六十一条 行政处罚决定书应当在宣告后当场交付当事人；当事人不在场的，行政机关应当在七日内依照《中华人民共和国民事诉讼法》的有关规定，将行政处罚决定书送达当事人。

当事人同意并签订确认书的，行政机关可以采用传真、电子邮件等方式，将行政处罚决定书等送达当事人。

第六十二条 行政机关及其执法人员在作出行政处罚决定之前，未依照本法第四十四条、第四十五条的规定向当事人告知拟作出的行政处罚内容及事实、理由、依据，或者拒绝听取当事人的陈述、申辩，不得作出行政处罚决定；当事人明确放弃陈述或者申辩权利的除外。

第四节　听证程序

第六十三条 行政机关拟作出下列行政处罚决定，应当告知当事人有要求听证的权利，当事人要求听证的，行政机关应当组织听证：

（一）较大数额罚款；

（二）没收较大数额违法所得、没收较大价值非法财物；

（三）降低资质等级、吊销许可证件；

（四）责令停产停业、责令关闭、限制从业；

（五）其他较重的行政处罚；

（六）法律、法规、规章规定的其他情形。

当事人不承担行政机关组织听证的费用。

第六十四条　听证应当依照以下程序组织：

（一）当事人要求听证的，应当在行政机关告知后五日内提出；

（二）行政机关应当在举行听证的七日前，通知当事人及有关人员听证的时间、地点；

（三）除涉及国家秘密、商业秘密或者个人隐私依法予以保密外，听证公开举行；

（四）听证由行政机关指定的非本案调查人员主持；当事人认为主持人与本案有直接利害关系的，有权申请回避；

（五）当事人可以亲自参加听证，也可以委托一至二人代理；

（六）当事人及其代理人无正当理由拒不出席听证或者未经许可中途退出听证的，视为放弃听证权利，行政机关终止听证；

（七）举行听证时，调查人员提出当事人违法的事实、证据和行政处罚建议，当事人进行申辩和质证；

（八）听证应当制作笔录。笔录应当交当事人或者其代理人核对无误后签字或者盖章。当事人或者其代理人拒绝签字或者盖章的，由听证主持人在笔录中注明。

第六十五条　听证结束后，行政机关应当根据听证笔录，依照本法第五十七条的规定，作出决定。

第六章　行政处罚的执行

第六十六条　行政处罚决定依法作出后，当事人应当在行政处罚决定书载明的期限内，予以履行。

当事人确有经济困难，需要延期或者分期缴纳罚款的，经当事人申请和行政机关批准，可以暂缓或者分期缴纳。

第六十七条　作出罚款决定的行政机关应当与收缴罚款的机构分离。

除依照本法第六十八条、第六十九条的规定当场收缴的罚款外，作出行政处罚决定的行政机关及其执法人员不得自行收缴罚款。

当事人应当自收到行政处罚决定书之日起十五日内，到指定的银行或者通过电子支付系统缴纳罚款。银行应当收受罚款，并将罚款直接上缴国库。

第六十八条 依照本法第五十一条的规定当场作出行政处罚决定，有下列情形之一，执法人员可以当场收缴罚款：

（一）依法给予一百元以下罚款的；

（二）不当场收缴事后难以执行的。

第六十九条 在边远、水上、交通不便地区，行政机关及其执法人员依照本法第五十一条、第五十七条的规定作出罚款决定后，当事人到指定的银行或者通过电子支付系统缴纳罚款确有困难，经当事人提出，行政机关及其执法人员可以当场收缴罚款。

第七十条 行政机关及其执法人员当场收缴罚款的，必须向当事人出具国务院财政部门或者省、自治区、直辖市人民政府财政部门统一制发的专用票据；不出具财政部门统一制发的专用票据的，当事人有权拒绝缴纳罚款。

第七十一条 执法人员当场收缴的罚款，应当自收缴罚款之日起二日内，交至行政机关；在水上当场收缴的罚款，应当自抵岸之日起二日内交至行政机关；行政机关应当在二日内将罚款缴付指定的银行。

第七十二条 当事人逾期不履行行政处罚决定的，作出行政处罚决定的行政机关可以采取下列措施：

（一）到期不缴纳罚款的，每日按罚款数额的百分之三加处罚款，加处罚款的数额不得超出罚款的数额；

（二）根据法律规定，将查封、扣押的财物拍卖、依法处理或者将冻结的存款、汇款划拨抵缴罚款；

（三）根据法律规定，采取其他行政强制执行方式；

（四）依照《中华人民共和国行政强制法》的规定申请人民法院强制执行。

行政机关批准延期、分期缴纳罚款的，申请人民法院强制执行的期限，自暂缓或者分期缴纳罚款期限结束之日起计算。

第七十三条 当事人对行政处罚决定不服，申请行政复议或者提起行政诉讼的，行政处罚不停止执行，法律另有规定的除外。

当事人对限制人身自由的行政处罚决定不服，申请行政复议或者提起行政诉讼的，可以向作出决定的机关提出暂缓执行申请。符合法律规定情形的，应当暂缓执行。

当事人申请行政复议或者提起行政诉讼的，加处罚款的数额在行政复议或者行政诉讼期间不予计算。

第七十四条　除依法应当予以销毁的物品外，依法没收的非法财物必须按照国家规定公开拍卖或者按照国家有关规定处理。

罚款、没收的违法所得或者没收非法财物拍卖的款项，必须全部上缴国库，任何行政机关或者个人不得以任何形式截留、私分或者变相私分。

罚款、没收的违法所得或者没收非法财物拍卖的款项，不得同作出行政处罚决定的行政机关及其工作人员的考核、考评直接或者变相挂钩。除依法应当退还、退赔的外，财政部门不得以任何形式向作出行政处罚决定的行政机关返还罚款、没收的违法所得或者没收非法财物拍卖的款项。

第七十五条　行政机关应当建立健全对行政处罚的监督制度。县级以上人民政府应当定期组织开展行政执法评议、考核，加强对行政处罚的监督检查，规范和保障行政处罚的实施。

行政机关实施行政处罚应当接受社会监督。公民、法人或者其他组织对行政机关实施行政处罚的行为，有权申诉或者检举；行政机关应当认真审查，发现有错误的，应当主动改正。

第七章　法律责任

第七十六条　行政机关实施行政处罚，有下列情形之一，由上级行政机关或者有关机关责令改正，对直接负责的主管人员和其他直接责任人员依法给予处分：

（一）没有法定的行政处罚依据的；

（二）擅自改变行政处罚种类、幅度的；

（三）违反法定的行政处罚程序的；

（四）违反本法第二十条关于委托处罚的规定的；

（五）执法人员未取得执法证件的。

行政机关对符合立案标准的案件不及时立案的，依照前款规定予以处理。

第七十七条 行政机关对当事人进行处罚不使用罚款、没收财物单据或者使用非法定部门制发的罚款、没收财物单据的，当事人有权拒绝，并有权予以检举，由上级行政机关或者有关机关对使用的非法单据予以收缴销毁，对直接负责的主管人员和其他直接责任人员依法给予处分。

第七十八条 行政机关违反本法第六十七条的规定自行收缴罚款的，财政部门违反本法第七十四条的规定向行政机关返还罚款、没收的违法所得或者拍卖款项的，由上级行政机关或者有关机关责令改正，对直接负责的主管人员和其他直接责任人员依法给予处分。

第七十九条 行政机关截留、私分或者变相私分罚款、没收的违法所得或者财物的，由财政部门或者有关机关予以追缴，对直接负责的主管人员和其他直接责任人员依法给予处分；情节严重构成犯罪的，依法追究刑事责任。

执法人员利用职务上的便利，索取或者收受他人财物、将收缴罚款据为己有，构成犯罪的，依法追究刑事责任；情节轻微不构成犯罪的，依法给予处分。

第八十条 行政机关使用或者损毁查封、扣押的财物，对当事人造成损失的，应当依法予以赔偿，对直接负责的主管人员和其他直接责任人员依法给予处分。

第八十一条 行政机关违法实施检查措施或者执行措施，给公民人身或者财产造成损害、给法人或者其他组织造成损失的，应当依法予以赔偿，对直接负责的主管人员和其他直接责任人员依法给予处分；情节严重构成犯罪的，依法追究刑事责任。

第八十二条 行政机关对应当依法移交司法机关追究刑事责任的案件不移交，以行政处罚代替刑事处罚，由上级行政机关或者有关机关责令改正，对直接负责的主管人员和其他直接责任人员依法给予处分；情节严重构成犯罪的，依法追究刑事责任。

第八十三条 行政机关对应当予以制止和处罚的违法行为不予制止、处罚，致使公民、法人或者其他组织的合法权益、公共利益和社会秩序遭受损害的，对直接负责的主管人员和其他直接责任人员依法给予处分；情节严重构成犯罪的，依法追究刑事责任。

第八章　附　　则

第八十四条　外国人、无国籍人、外国组织在中华人民共和国领域内有违法行为，应当给予行政处罚的，适用本法，法律另有规定的除外。

第八十五条　本法中"二日""三日""五日""七日"的规定是指工作日，不含法定节假日。

第八十六条　本法自 2021 年 7 月 15 日起施行。

农业行政处罚程序规定

（2021年12月21日农业农村部令2021年第4号修订，自2022年2月1日起施行）

第一章 总 则

第一条 为规范农业行政处罚程序，保障和监督农业农村主管部门依法实施行政管理，保护公民、法人或者其他组织的合法权益，根据《中华人民共和国行政处罚法》《中华人民共和国行政强制法》等有关法律、行政法规的规定，结合农业农村部门实际，制定本规定。

第二条 农业行政处罚机关实施行政处罚及其相关的行政执法活动，适用本规定。

本规定所称农业行政处罚机关，是指依法行使行政处罚权的县级以上人民政府农业农村主管部门。

第三条 农业行政处罚机关实施行政处罚，应当遵循公正、公开的原则，做到事实清楚，证据充分，程序合法，定性准确，适用法律正确，裁量合理，文书规范。

第四条 农业行政处罚机关实施行政处罚，应当坚持处罚与教育相结合，采取指导、建议等方式，引导和教育公民、法人或者其他组织自觉守法。

第五条 具有下列情形之一的，农业行政执法人员应当主动申请回避，当事人也有权申请其回避：

（一）是本案当事人或者当事人的近亲属；

（二）本人或者其近亲属与本案有直接利害关系；

（三）与本案当事人有其他利害关系，可能影响案件的公正处理。

农业行政处罚机关主要负责人的回避，由该机关负责人集体讨论决定；其他人员的回避，由该机关主要负责人决定。

回避决定作出前，主动申请回避或者被申请回避的人员不停止对案件的调查处理。

第六条　农业行政处罚应当由具有行政执法资格的农业行政执法人员实施。农业行政执法人员不得少于两人，法律另有规定的除外。

农业行政执法人员调查处理农业行政处罚案件时，应当主动向当事人或者有关人员出示行政执法证件，并按规定着装和佩戴执法标志。

第七条　各级农业行政处罚机关应当全面推行行政执法公示制度、执法全过程记录制度、重大执法决定法制审核制度，加强行政执法信息化建设，推进信息共享，提高行政处罚效率。

第八条　县级以上人民政府农业农村主管部门在法定职权范围内实施行政处罚。

县级以上地方人民政府农业农村主管部门内设或所属的农业综合行政执法机构承担并集中行使行政处罚以及与行政处罚有关的行政强制、行政检查职能，以农业农村主管部门名义统一执法。

第九条　县级以上人民政府农业农村主管部门依法设立的派出执法机构，应当在派出部门确定的权限范围内以派出部门的名义实施行政处罚。

第十条　上级农业农村主管部门依法监督下级农业农村主管部门实施的行政处罚。

县级以上人民政府农业农村主管部门负责监督本部门农业综合行政执法机构或者派出执法机构实施的行政处罚。

第十一条　农业行政处罚机关在工作中发现违纪、违法或者犯罪问题线索的，应当按照《执法机关和司法机关向纪检监察机关移送问题线索工作办法》的规定，及时移送纪检监察机关。

第二章　农业行政处罚的管辖

第十二条　农业行政处罚由违法行为发生地的农业行政处罚机关管辖。法律、行政法规以及农业农村部规章另有规定的，从其规定。

省、自治区、直辖市农业行政处罚机关应当按照职权法定、属地管理、重心下移的原则，结合违法行为涉及区域、案情复杂程度、社会影响范围等因素，厘清本行政区域内不同层级农业行政处罚机关行政执法权限，明确职责分工。

第十三条 渔业行政违法行为有下列情况之一的，适用"谁查获、谁处理"的原则：

（一）违法行为发生在共管区、叠区；

（二）违法行为发生在管辖权不明确或者有争议的区域；

（三）违法行为发生地与查获地不一致。

第十四条 电子商务平台经营者和通过自建网站、其他网络服务销售商品或者提供服务的电子商务经营者的农业违法行为由其住所地县级以上农业行政处罚机关管辖。

平台内经营者的农业违法行为由其实际经营地县级以上农业行政处罚机关管辖。电子商务平台经营者住所地或者违法物品的生产、加工、存储、配送地的县级以上农业行政处罚机关先行发现违法线索或者收到投诉、举报的，也可以管辖。

第十五条 对当事人的同一违法行为，两个以上农业行政处罚机关都有管辖权的，应当由先立案的农业行政处罚机关管辖。

第十六条 两个以上农业行政处罚机关对管辖发生争议的，应当自发生争议之日起七日内协商解决，协商不成的，报请共同的上一级农业行政处罚机关指定管辖；也可以直接由共同的上一级农业行政机关指定管辖。

第十七条 农业行政处罚机关发现立案查处的案件不属于本部门管辖的，应当将案件移送有管辖权的农业行政处罚机关。受移送的农业行政处罚机关对管辖权有异议的，应当报请共同的上一级农业行政处罚机关指定管辖，不得再自行移送。

第十八条 上级农业行政处罚机关认为有必要时，可以直接管辖下级农业行政处罚机关管辖的案件，也可以将本机关管辖的案件交由下级农业行政处罚机关管辖，必要时可以将下级农业行政处罚机关管辖的案件指定其他下级农业行政处罚机关管辖，但不得违反法律、行政法规的规定。

下级农业行政处罚机关认为依法应由其管辖的农业行政处罚案件重大、复杂或者本地不适宜管辖的，可以报请上一级农业行政处罚机关直接管辖或者指定管辖。上一级农业行政处罚机关应当自收到报送材料之日起七日内作出书面决定。

第十九条　农业行政处罚机关实施农业行政处罚时，需要其他行政机关协助的，可以向有关机关发送协助函，提出协助请求。

农业行政处罚机关在办理跨行政区域案件时，需要其他地区农业行政处罚机关协查的，可以发送协查函。收到协查函的农业行政处罚机关应当予以协助并及时书面告知协查结果。

第二十条　农业行政处罚机关查处案件，对依法应当由原许可、批准的部门作出吊销许可证件等农业行政处罚决定的，应当自作出处理决定之日起十五日内将查处结果及相关材料书面报送或告知原许可、批准的部门，并提出处理建议。

第二十一条　农业行政处罚机关发现所查处的案件不属于农业农村主管部门管辖的，应当按照有关要求和时限移送有管辖权的部门处理。

违法行为涉嫌犯罪的案件，农业行政处罚机关应当依法移送司法机关，不得以行政处罚代替刑事处罚。

农业行政处罚机关应当与司法机关加强协调配合，建立健全案件移送制度，加强证据材料移交、接收衔接，完善案件处理信息通报机制。

农业行政处罚机关应当将移送案件的相关材料妥善保管、存档备查。

第三章　农业行政处罚的决定

第二十二条　公民、法人或者其他组织违反农业行政管理秩序的行为，依法应当给予行政处罚的，农业行政处罚机关必须查明事实；违法事实不清、证据不足的，不得给予行政处罚。

第二十三条　农业行政处罚机关作出农业行政处罚决定前，应当告知当事人拟作出行政处罚内容及事实、理由、依据，并告知当事人依法享有的陈述、申辩、要求听证等权利。

采取普通程序查办的案件，农业行政处罚机关应当制作行政处罚事先告知书送达当事人，并告知当事人可以在收到告知书之日起三日内进行陈述、申辩。符合听证条件的，应当告知当事人可以要求听证。

当事人无正当理由逾期提出陈述、申辩或者要求听证的，视为放弃上述权利。

第二十四条　当事人有权进行陈述和申辩。农业行政处罚机关必须充分听取当事人的意见，对当事人提出的事实、理由和证据，应当进行复核；当事人提出的事实、理由或者证据成立的，应当予以采纳。

农业行政处罚机关不得因当事人陈述、申辩而给予更重的处罚。

第一节　简易程序

第二十五条　违法事实确凿并有法定依据，对公民处以二百元以下、对法人或者其他组织处以三千元以下罚款或者警告的行政处罚的，可以当场作出行政处罚决定。法律另有规定的，从其规定。

第二十六条　当场作出行政处罚决定时，农业行政执法人员应当遵守下列程序：

（一）向当事人表明身份，出示行政执法证件；

（二）当场查清当事人的违法事实，收集和保存相关证据；

（三）在行政处罚决定作出前，应当告知当事人拟作出决定的内容及事实、理由、依据，并告知当事人有权进行陈述和申辩；

（四）听取当事人陈述、申辩，并记入笔录；

（五）填写预定格式、编有号码、盖有农业行政处罚机关印章的当场处罚决定书，由执法人员签名或者盖章，当场交付当事人；当事人拒绝签收的，应当在行政处罚决定书上注明。

前款规定的行政处罚决定书应当载明当事人的违法行为，行政处罚的种类和依据、罚款数额、时间、地点，申请行政复议、提起行政诉讼的途径和期限以及行政机关名称。

第二十七条　农业行政执法人员应当在作出当场处罚决定之日起、在水上办理渔业行政违法案件的农业行政执法人员应当自抵岸之日起二日内，将案件的有关材料交至所属农业行政处罚机关归档保存。

第二节　普通程序

第二十八条　实施农业行政处罚，除依法可以当场作出的行政处罚外，应当适用普通程序。

第二十九条　农业行政处罚机关对依据监督检查职责或者通过投诉、举报、其他部门移送、上级交办等途径发现的违法行为线索，应当自发现线索或者收到相关材料之日起七日内予以核查，由农业行政处罚机关负责人决定是否立案；因特殊情况不能在规定期限内立案的，经农业行政处罚机关负责人批准，可以延长七日。法律、法规、规章另有规定的除外。

第三十条　符合下列条件的，农业行政处罚机关应当予以立案，并填写行政处罚立案审批表：

（一）有涉嫌违反法律、法规和规章的行为；

（二）依法应当或者可以给予行政处罚；

（三）属于本机关管辖；

（四）违法行为发生之日起至被发现之日止未超过二年，或者违法行为有连续、继续状态，从违法行为终了之日起至被发现之日止未超过二年；涉及公民生命健康安全且有危害后果的，上述期限延长至五年。法律另有规定的除外。

第三十一条　对已经立案的案件，根据新的情况发现不符合本规定第三十条规定的立案条件的，农业行政处罚机关应当撤销立案。

第三十二条　农业行政处罚机关对立案的农业违法行为，必须全面、客观、公正地调查，收集有关证据；必要时，按照法律、法规的规定，可以进行检查。

农业行政执法人员在调查或者收集证据、进行检查时，不得少于两人。当事人或者有关人员有权要求农业行政执法人员出示执法证件。执法人员不出示执法证件的，当事人或者有关人员有权拒绝接受调查或者检查。

第三十三条　农业行政执法人员有权依法采取下列措施：

（一）查阅、复制书证和其他有关材料；

（二）询问当事人或者其他与案件有关的单位和个人；

（三）要求当事人或者有关人员在一定的期限内提供有关材料；

（四）采取现场检查、勘验、抽样、检验、检测、鉴定、评估、认定、录音、拍照、录像、调取现场及周边监控设备电子数据等方式进行调查取证；

（五）对涉案的场所、设施或者财物依法实施查封、扣押等行政强制措施；

（六）责令被检查单位或者个人停止违法行为，履行法定义务；

（七）其他法律、法规、规章规定的措施。

第三十四条 农业行政处罚证据包括书证、物证、视听资料、电子数据、证人证言、当事人的陈述、鉴定意见、勘验笔录和现场笔录。

证据必须经查证属实，方可作为农业行政处罚机关认定案件事实的根据。立案前依法取得或收集的证据材料，可以作为案件的证据使用。

以非法手段取得的证据，不得作为认定案件事实的根据。

第三十五条 收集、调取的书证、物证应当是原件、原物。收集、调取原件、原物确有困难的，可以提供与原件核对无误的复制件、影印件或者抄录件，也可以提供足以反映原物外形或者内容的照片、录像等其他证据。

复制件、影印件、抄录件和照片由证据提供人或者执法人员核对无误后注明与原件、原物一致，并注明出证日期、证据出处，同时签名或者盖章。

第三十六条 收集、调取的视听资料应当是有关资料的原始载体。调取原始载体确有困难的，可以提供复制件，并注明制作方法、制作时间、制作人和证明对象等。声音资料应当附有该声音内容的文字记录。

第三十七条 收集、调取的电子数据应当是有关数据的原始载体。收集电子数据原始载体确有困难的，可以采用拷贝复制、委托分析、书式固定、拍照录像等方式取证，并注明制作方法、制作时间、制作人等。

农业行政处罚机关可以利用互联网信息系统或者设备收集、固定违法行为证据。用来收集、固定违法行为证据的互联网信息系统或者设备应当符合相关规定，保证所收集、固定电子数据的真实性、完整性。

农业行政处罚机关可以指派或者聘请具有专门知识的人员或者专业机构，辅助农业行政执法人员对与案件有关的电子数据进行调查取证。

第三十八条 农业行政执法人员询问证人或者当事人，应当个别进行，并制作询问笔录。

询问笔录有差错、遗漏的，应当允许被询问人更正或者补充。更正或者补充的部分应当由被询问人签名、盖章或者按指纹等方式确认。

询问笔录经被询问人核对无误后，由被询问人在笔录上逐页签名、盖章或者按指纹等方式确认。农业行政执法人员应当在笔录上签名。被询问人拒绝签名、盖章或者按指纹的，由农业行政执法人员在笔录上注明情况。

　　第三十九条　农业行政执法人员对与案件有关的物品或者场所进行现场检查或者勘验，应当通知当事人到场，制作现场检查笔录或者勘验笔录，必要时可以采取拍照、录像或者其他方式记录现场情况。

　　当事人拒不到场、无法找到当事人或者当事人拒绝签名或盖章的，农业行政执法人员应当在笔录中注明，并可以请在场的其他人员见证。

　　第四十条　农业行政处罚机关在调查案件时，对需要检测、检验、鉴定、评估、认定的专门性问题，应当委托具有法定资质的机构进行；没有具有法定资质的机构的，可以委托其他具备条件的机构进行。

　　检验、检测、鉴定、评估、认定意见应当由检验、检测、鉴定、评估、认定人员签名或者盖章，并加盖所在机构公章。检验、检测、鉴定、评估、认定意见应当送达当事人。

　　第四十一条　农业行政处罚机关收集证据时，可以采取抽样取证的方法。农业行政执法人员应当制作抽样取证凭证，对样品加贴封条，并由执法人员和当事人在抽样取证凭证上签名或者盖章。当事人拒绝签名或者盖章的，应当采取拍照、录像或者其他方式记录抽样取证情况。

　　农业行政处罚机关抽样送检的，应当将抽样检测结果及时告知当事人，并告知当事人有依法申请复检的权利。

　　非从生产单位直接抽样取证的，农业行政处罚机关可以向产品标注生产单位发送产品确认通知书，对涉案产品是否为其生产的产品进行确认，并可以要求其在一定期限内提供相关证明材料。

　　第四十二条　在证据可能灭失或者以后难以取得的情况下，经农业行政处罚机关负责人批准，农业行政执法人员可以对与涉嫌违法行为有关的证据采取先行登记保存措施。

　　情况紧急，农业行政执法人员需要当场采取先行登记保存措施的，可以采用即时通讯方式报请农业行政处罚机关负责人同意，并在二十四小时内补办批准手续。

　　先行登记保存有关证据，应当当场清点，开具清单，填写先行登记保存执法文书，由农业行政执法人员和当事人签名、盖章或者按指纹，并向当事人交付先行登记保存证据通知书和物品清单。

第四十三条 先行登记保存物品时，就地由当事人保存的，当事人或者有关人员不得使用、销售、转移、损毁或者隐匿。

就地保存可能妨害公共秩序、公共安全，或者存在其他不适宜就地保存情况的，可以异地保存。对异地保存的物品，农业行政处罚机关应当妥善保管。

第四十四条 农业行政处罚机关对先行登记保存的证据，应当自采取登记保存之日起七日内作出下列处理决定并送达当事人：

（一）根据情况及时采取记录、复制、拍照、录像等证据保全措施；

（二）需要进行技术检测、检验、鉴定、评估、认定的，送交有关机构检测、检验、鉴定、评估、认定；

（三）对依法应予没收的物品，依照法定程序处理；

（四）对依法应当由有关部门处理的，移交有关部门；

（五）为防止损害公共利益，需要销毁或者无害化处理的，依法进行处理；

（六）不需要继续登记保存的，解除先行登记保存。

第四十五条 农业行政处罚机关依法对涉案场所、设施或者财物采取查封、扣押等行政强制措施，应当在实施前向农业行政处罚机关负责人报告并经批准，由具备资格的农业行政执法人员实施。

情况紧急，需要当场采取行政强制措施的，农业行政执法人员应当在二十四小时内向农业行政处罚机关负责人报告，并补办批准手续。农业行政处罚机关负责人认为不应当采取行政强制措施的，应当立即解除。

查封、扣押的场所、设施或者财物，应当妥善保管，不得使用或者损毁。除法律、法规另有规定外，鲜活产品、保管困难或者保管费用过高的物品和其他容易损毁、灭失、变质的物品，在确定为罚没财物前，经权利人同意或者申请，并经农业行政处罚机关负责人批准，在采取相关措施留存证据后，可以依法先行处置；权利人不明确的，可以依法公告，公告期满后仍没有权利人同意或者申请的，可以依法先行处置。先行处置所得款项按照涉案现金管理。

第四十六条 农业行政处罚机关实施查封、扣押等行政强制措施，应当履行《中华人民共和国行政强制法》规定的程序和要求，制作并当场交付查封、扣押决定书和清单。

第四十七条　经查明与违法行为无关或者不再需要采取查封、扣押措施的，应当解除查封、扣押措施，将查封、扣押的财物如数返还当事人，并由农业行政执法人员和当事人在解除查封或者扣押决定书和清单上签名、盖章或者按指纹。

第四十八条　有下列情形之一的，经农业行政处罚机关负责人批准，中止案件调查，并制作案件中止调查决定书：

（一）行政处罚决定必须以相关案件的裁判结果或者其他行政决定为依据，而相关案件尚未审结或者其他行政决定尚未作出；

（二）涉及法律适用等问题，需要送请有权机关作出解释或者确认；

（三）因不可抗力致使案件暂时无法调查；

（四）因当事人下落不明致使案件暂时无法调查；

（五）其他应当中止调查的情形。

中止调查的原因消除后，应当立即恢复案件调查。

第四十九条　农业行政执法人员在调查结束后，应当根据不同情形提出如下处理建议，并制作案件处理意见书，报请农业行政处罚机关负责人审查：

（一）确有应受行政处罚的违法行为的，根据情节轻重及具体情况，建议作出行政处罚；

（二）违法事实不能成立的，建议不予行政处罚；

（三）违法行为轻微并及时改正，没有造成危害后果的，建议不予行政处罚；

（四）当事人有证据足以证明没有主观过错的，建议不予行政处罚，但法律、行政法规另有规定的除外；

（五）初次违法且危害后果轻微并及时改正的，建议可以不予行政处罚；

（六）违法行为超过追责时效的，建议不再给予行政处罚；

（七）违法行为不属于农业行政处罚机关管辖的，建议移送其他行政机关；

（八）违法行为涉嫌犯罪应当移送司法机关的，建议移送司法机关；

（九）依法作出处理的其他情形。

第五十条 有下列情形之一，在农业行政处罚机关负责人作出农业行政处罚决定前，应当由从事农业行政处罚决定法制审核的人员进行法制审核；未经法制审核或者审核未通过的，农业行政处罚机关不得作出决定：

（一）涉及重大公共利益的；

（二）直接关系当事人或者第三人重大权益，经过听证程序的；

（三）案件情况疑难复杂、涉及多个法律关系的；

（四）法律、法规规定应当进行法制审核的其他情形。

农业行政处罚法制审核工作由农业行政处罚机关法制机构负责；未设置法制机构的，由农业行政处罚机关确定的承担法制审核工作的其他机构或者专门人员负责。

案件查办人员不得同时作为该案件的法制审核人员。农业行政处罚机关中初次从事法制审核的人员，应当通过国家统一法律职业资格考试取得法律职业资格。

第五十一条 农业行政处罚决定法制审核的主要内容包括：

（一）本机关是否具有管辖权；

（二）程序是否合法；

（三）案件事实是否清楚，证据是否确实、充分；

（四）定性是否准确；

（五）适用法律依据是否正确；

（六）当事人基本情况是否清楚；

（七）处理意见是否适当；

（八）其他应当审核的内容。

除本规定第五十条第一款规定以外，适用普通程序的其他农业行政处罚案件，在作出处罚决定前，应当参照前款规定进行案件审核。审核工作由农业行政处罚机关的办案机构或其他机构负责实施。

第五十二条 法制审核结束后，应当区别不同情况提出如下建议：

（一）对事实清楚、证据充分、定性准确、适用依据正确、程序合法、处理适当的案件，拟同意作出行政处罚决定；

（二）对定性不准、适用依据错误、程序不合法或者处理不当的案件，建议纠正；

（三）对违法事实不清、证据不充分的案件，建议补充调查或者撤销案件；

（四）违法行为轻微并及时纠正没有造成危害后果的，或者违法行为超过追责时效的，建议不予行政处罚；

（五）认为有必要提出的其他意见和建议。

第五十三条　法制审核机构或者法制审核人员应当自接到审核材料之日起五日内完成审核。特殊情况下，经农业行政处罚机关负责人批准，可以延长十五日。法律、法规、规章另有规定的除外。

第五十四条　农业行政处罚机关负责人应当对调查结果、当事人陈述申辩或者听证情况、案件处理意见和法制审核意见等进行全面审查，并区别不同情况分别作出如下处理决定：

（一）确有应受行政处罚的违法行为的，根据情节轻重及具体情况，作出行政处罚决定；

（二）违法事实不能成立的，不予行政处罚；

（三）违法行为轻微并及时改正，没有造成危害后果的，不予行政处罚；

（四）当事人有证据足以证明没有主观过错的，不予行政处罚，但法律、行政法规另有规定的除外；

（五）初次违法且危害后果轻微并及时改正的，可以不予行政处罚；

（六）违法行为超过追责时效的，不予行政处罚；

（七）不属于农业行政处罚机关管辖的，移送其他行政机关处理；

（八）违法行为涉嫌犯罪的，将案件移送司法机关。

第五十五条　下列行政处罚案件，应当由农业行政处罚机关负责人集体讨论决定：

（一）符合本规定第五十九条所规定的听证条件，且申请人申请听证的案件；

（二）案情复杂或者有重大社会影响的案件；

（三）有重大违法行为需要给予较重行政处罚的案件；

（四）农业行政处罚机关负责人认为应当提交集体讨论的其他案件。

第五十六条 农业行政处罚机关决定给予行政处罚的，应当制作行政处罚决定书。行政处罚决定书应当载明以下内容：

（一）当事人的姓名或者名称、地址；

（二）违反法律、法规、规章的事实和证据；

（三）行政处罚的种类和依据；

（四）行政处罚的履行方式和期限；

（五）申请行政复议、提起行政诉讼的途径和期限；

（六）作出行政处罚决定的农业行政处罚机关名称和作出决定的日期。

农业行政处罚决定书应当加盖作出行政处罚决定的行政机关的印章。

第五十七条 在边远、水上和交通不便的地区按普通程序实施处罚时，农业行政执法人员可以采用即时通讯方式，报请农业行政处罚机关负责人批准立案和对调查结果及处理意见进行审查。报批记录必须存档备案。当事人可当场向农业行政执法人员进行陈述和申辩。当事人当场书面放弃陈述和申辩的，视为放弃权利。

前款规定不适用于本规定第五十五条规定的应当由农业行政处罚机关负责人集体讨论决定的案件。

第五十八条 农业行政处罚案件应当自立案之日起九十日内作出处理决定；因案情复杂、调查取证困难等需要延长的，经本农业行政处罚机关负责人批准，可以延长三十日。案情特别复杂或者有其他特殊情况，延期后仍不能作出处理决定的，应当报经上一级农业行政处罚机关决定是否继续延期；决定继续延期的，应当同时确定延长的合理期限。

案件办理过程中，中止、听证、公告、检验、检测、鉴定等时间不计入前款所指的案件办理期限。

第三节　听证程序

第五十九条 农业行政处罚机关依照《中华人民共和国行政处罚法》第六十三条的规定，在作出较大数额罚款、没收较大数额违法所得、没收较大价值非法财物、降低资质等级、吊销许可证件、责令停产停业、责令关闭、限制从业等较重农业行政处罚决定前，应当告知当事人有要求举行听证的权利。当事人要求听证的，农业行政处罚机关应当组织听证。

前款所称的较大数额、较大价值，县级以上地方人民政府农业农村主管部门按所在省、自治区、直辖市人民代表大会及其常委会或者人民政府规定的标准执行。农业农村部规定的较大数额、较大价值，对个人是指超过一万元，对法人或者其他组织是指超过十万元。

第六十条　听证由拟作出行政处罚的农业行政处罚机关组织。具体实施工作由其法制机构或者相应机构负责。

第六十一条　当事人要求听证的，应当在收到行政处罚事先告知书之日起五日内向听证机关提出。

第六十二条　听证机关应当在举行听证会的七日前送达行政处罚听证会通知书，告知当事人及有关人员举行听证的时间、地点、听证人员名单及当事人可以申请回避和可以委托代理人等事项。

当事人可以亲自参加听证，也可以委托一至二人代理。当事人及其代理人应当按期参加听证，无正当理由拒不出席听证或者未经许可中途退出听证的，视为放弃听证权利，行政机关终止听证。

第六十三条　听证参加人由听证主持人、听证员、书记员、案件调查人员、当事人及其委托代理人等组成。

听证主持人、听证员、书记员应当由听证机关负责人指定的法制工作机构工作人员或者其他相应工作人员等非本案调查人员担任。

当事人委托代理人参加听证的，应当提交授权委托书。

第六十四条　除涉及国家秘密、商业秘密或者个人隐私依法予以保密等情形外，听证应当公开举行。

第六十五条　当事人在听证中的权利和义务：

（一）有权对案件的事实认定、法律适用及有关情况进行陈述和申辩；

（二）有权对案件调查人员提出的证据质证并提出新的证据；

（三）如实回答主持人的提问；

（四）遵守听证会场纪律，服从听证主持人指挥。

第六十六条　听证按下列程序进行：

（一）听证书记员宣布听证会场纪律、当事人的权利和义务，听证主持人宣布案由、核实听证参加人名单、宣布听证开始；

（二）案件调查人员提出当事人的违法事实、出示证据，说明拟作出的农业行政处罚的内容及法律依据；

（三）当事人或者其委托代理人对案件的事实、证据、适用的法律等进行陈述、申辩和质证，可以当场向听证会提交新的证据，也可以在听证会后三日内向听证机关补交证据；

（四）听证主持人就案件的有关问题向当事人、案件调查人员、证人询问；

（五）案件调查人员、当事人或者其委托代理人相互辩论；

（六）当事人或者其委托代理人作最后陈述；

（七）听证主持人宣布听证结束。听证笔录交当事人和案件调查人员审核无误后签字或者盖章。

当事人或者其代理人拒绝签字或者盖章的，由听证主持人在笔录中注明。

第六十七条　听证结束后，听证主持人应当依据听证情况，制作行政处罚听证会报告书，连同听证笔录，报农业行政处罚机关负责人审查。农业行政处罚机关应当根据听证笔录，按照本规定第五十四条的规定，作出决定。

第六十八条　听证机关组织听证，不得向当事人收取费用。

第四章　执法文书的送达和处罚决定的执行

第六十九条　农业行政处罚机关送达行政处罚决定书，应当在宣告后当场交付当事人；当事人不在场的，应当在七日内依照《中华人民共和国民事诉讼法》的有关规定将行政处罚决定书送达当事人。

当事人同意并签订确认书的，农业行政处罚机关可以采用传真、电子邮件等方式，将行政处罚决定书等送达当事人。

第七十条　农业行政处罚机关送达行政执法文书，应当使用送达回证，由受送达人在送达回证上记明收到日期，签名或者盖章。

受送达人是公民的，本人不在时交其同住成年家属签收；受送达人是法人或者其他组织的，应当由法人的法定代表人、其他组织的主要负责人或者该法人、其他组织负责收件的有关人员签收；受送达人有代理人的，可以送交其代理人签收；受送达人已向农业行政处罚机关指定代收人的，送交代收人签收。

受送达人、受送达人的同住成年家属、法人或者其他组织负责收件的有关人员、代理人、代收人在送达回证上签收的日期为送达日期。

第七十一条　受送达人或者他的同住成年家属拒绝接收行政执法文书的，送达人可以邀请有关基层组织或者其所在单位的代表到场，说明情况，在送达回证上记明拒收事由和日期，由送达人、见证人签名或者盖章，把行政执法文书留在受送达人的住所；也可以把行政执法文书留在受送达人的住所，并采用拍照、录像等方式记录送达过程，即视为送达。

第七十二条　直接送达行政执法文书有困难的，农业行政处罚机关可以邮寄送达或者委托其他农业行政处罚机关代为送达。

受送达人下落不明，或者采用直接送达、留置送达、委托送达等方式无法送达的，农业行政处罚机关可以公告送达。

委托送达的，受送达人的签收日期为送达日期；邮寄送达的，以回执上注明的收件日期为送达日期；公告送达的，自发出公告之日起经过六十日，即视为送达。

第七十三条　当事人应当在行政处罚决定书确定的期限内，履行处罚决定。

农业行政处罚决定依法作出后，当事人对行政处罚决定不服，申请行政复议或者提起行政诉讼的，除法律另有规定外，行政处罚决定不停止执行。

第七十四条　除依照本规定第七十五条、第七十六条的规定当场收缴罚款外，农业行政处罚机关及其执法人员不得自行收缴罚款。决定罚款的农业行政处罚机关应当书面告知当事人在收到行政处罚决定书之日起十五日内，到指定的银行或者通过电子支付系统缴纳罚款。

第七十五条　依照本规定第二十五条的规定当场作出农业行政处罚决定，有下列情形之一，农业行政执法人员可以当场收缴罚款：

（一）依法给予一百元以下罚款的；

（二）不当场收缴事后难以执行的。

第七十六条　在边远、水上、交通不便地区，农业行政处罚机关及其执法人员依照本规定第二十五条、第五十四条、第五十五条的规定作出罚款决定后，当事人到指定的银行或者通过电子支付系统缴纳罚款确有困难，经当事人提出，农业行政处罚机关及其执法人员可以当场收缴罚款。

第七十七条 农业行政处罚机关及其执法人员当场收缴罚款的，应当向当事人出具国务院财政部门或者省、自治区、直辖市财政部门统一制发的专用票据，不出具财政部门统一制发的专用票据的，当事人有权拒绝缴纳罚款。

第七十八条 农业行政执法人员当场收缴的罚款，应当自返回农业行政处罚机关所在地之日起二日内，交至农业行政处罚机关；在水上当场收缴的罚款，应当自抵岸之日起二日内交至农业行政处罚机关；农业行政处罚机关应当自收到款项之日起二日内将罚款交至指定的银行。

第七十九条 对需要继续行驶的农业机械、渔业船舶实施暂扣或者吊销证照的行政处罚，农业行政处罚机关在实施行政处罚的同时，可以发给当事人相应的证明，责令农业机械、渔业船舶驶往预定或者指定的地点。

第八十条 对生效的农业行政处罚决定，当事人拒不履行的，作出农业行政处罚决定的农业行政处罚机关依法可以采取下列措施：

（一）到期不缴纳罚款的，每日按罚款数额的百分之三加处罚款，加处罚款的数额不得超出罚款的数额；

（二）根据法律规定，将查封、扣押的财物拍卖、依法处理或者将冻结的存款、汇款划拨抵缴罚款；

（三）依照《中华人民共和国行政强制法》的规定申请人民法院强制执行。

第八十一条 当事人确有经济困难，需要延期或者分期缴纳罚款的，应当在行政处罚决定书确定的缴纳期限届满前，向作出行政处罚决定的农业行政处罚机关提出延期或者分期缴纳罚款的书面申请。

农业行政处罚机关负责人批准当事人延期或者分期缴纳罚款后，应当制作同意延期（分期）缴纳罚款通知书，并送达当事人和收缴罚款的机构。农业行政处罚机关批准延期、分期缴纳罚款的，申请人民法院强制执行的期限，自暂缓或者分期缴纳罚款期限结束之日起计算。

第八十二条 除依法应当予以销毁的物品外，依法没收的非法财物，必须按照国家规定公开拍卖或者按照国家有关规定处理。处理没收物品，应当制作罚没物品处理记录和清单。

第八十三条　罚款、没收的违法所得或者没收非法财物拍卖的款项，必须全部上缴国库，任何行政机关或者个人不得以任何形式截留、私分或者变相私分。

罚款、没收的违法所得或者没收非法财物拍卖的款项，不得同作出农业行政处罚决定的农业行政处罚机关及其工作人员的考核、考评直接或者变相挂钩。除依法应当退还、退赔的外，财政部门不得以任何形式向作出农业行政处罚决定的农业行政处罚机关返还罚款、没收的违法所得或者没收非法财物拍卖的款项。

第五章　结案和立卷归档

第八十四条　有下列情形之一的，农业行政处罚机关可以结案：

（一）行政处罚决定由当事人履行完毕的；

（二）农业行政处罚机关依法申请人民法院强制执行行政处罚决定，人民法院依法受理的；

（三）不予行政处罚等无须执行的；

（四）行政处罚决定被依法撤销的；

（五）农业行政处罚机关认为可以结案的其他情形。

农业行政执法人员应当填写行政处罚结案报告，经农业行政处罚机关负责人批准后结案。

第八十五条　农业行政处罚机关应当按照下列要求及时将案件材料立卷归档：

（一）一案一卷；

（二）文书齐全，手续完备；

（三）案卷应当按顺序装订。

第八十六条　案件立卷归档后，任何单位和个人不得修改、增加或者抽取案卷材料，不得修改案卷内容。案卷保管及查阅，按档案管理有关规定执行。

第八十七条　农业行政处罚机关应当建立行政处罚工作报告制度，并于每年1月31日前向上级农业行政处罚机关报送本行政区域上一年度农业行政处罚工作情况。

第六章　附　　则

第八十八条　本规定中的"以上""以下""内"均包括本数。

第八十九条　本规定中"二日""三日""五日""七日"的规定是指工作日，不含法定节假日。

期间以时、日、月、年计算。期间开始的时或者日，不计算在内。

期间届满的最后一日是节假日的，以节假日后的第一日为期间届满的日期。

行政处罚文书的送达期间不包括在路途上的时间，行政处罚文书在期满前交邮的，视为在有效期内。

第九十条　农业行政处罚基本文书格式由农业农村部统一制定。各省、自治区、直辖市人民政府农业农村主管部门可以根据地方性法规、规章和工作需要，调整有关内容或者补充相应文书，报农业农村部备案。

第九十一条　本规定自 2022 年 2 月 1 日起实施。2020 年 1 月 14 日农业农村部发布的《农业行政处罚程序规定》同时废止。

农业综合行政执法管理办法

（2022年11月22日农业农村部令2022年第9号公布，自2023年1月1日起施行）

第一章　总　　则

第一条　为加强农业综合行政执法机构和执法人员管理，规范农业行政执法行为，根据《中华人民共和国行政处罚法》等有关法律的规定，结合农业综合行政执法工作实际，制定本办法。

第二条　县级以上人民政府农业农村主管部门及农业综合行政执法机构开展农业综合行政执法工作及相关活动，适用本办法。

第三条　农业综合行政执法工作应当遵循合法行政、合理行政、诚实信用、程序正当、高效便民、权责统一的原则。

第四条　农业农村部负责指导和监督全国农业综合行政执法工作。

县级以上地方人民政府农业农村主管部门负责本辖区内农业综合行政执法工作。

第五条　县级以上地方人民政府农业农村主管部门应当明确农业综合行政执法机构与行业管理、技术支撑机构的职责分工，健全完善线索处置、信息共享、监督抽查、检打联动等协作配合机制，形成执法合力。

第六条　县级以上地方人民政府农业农村主管部门应当建立健全跨区域农业行政执法联动机制，加强与其他行政执法部门、司法机关的交流协作。

第七条　县级以上人民政府农业农村主管部门对农业行政执法工作中表现突出、有显著成绩和贡献或者有其他突出事迹的执法机构、执法人员，按照国家和地方人民政府有关规定给予表彰和奖励。

第八条　县级以上地方人民政府农业农村主管部门及其农业综合行政执法机构应当加强基层党组织和党员队伍建设，建立健全党风廉政建设责任制。

第二章　执法机构和人员管理

第九条　县级以上地方人民政府农业农村主管部门依法设立的农业综合行政执法机构承担并集中行使农业行政处罚以及与行政处罚相关的行政检查、行政强制职能，以农业农村部门名义统一执法。

第十条　省级农业综合行政执法机构承担并集中行使法律、法规、规章明确由省级人民政府农业农村主管部门及其所属单位承担的农业行政执法职责，负责查处具有重大影响的跨区域复杂违法案件，监督指导、组织协调辖区内农业行政执法工作。

市级农业综合行政执法机构承担并集中行使法律、法规、规章规定明确由市级人民政府农业农村主管部门及其所属单位承担的农业行政执法职责，负责查处具有较大影响的跨区域复杂违法案件及其直接管辖的市辖区内一般农业违法案件，监督指导、组织协调辖区内农业行政执法工作。

县级农业综合行政执法机构负责统一实施辖区内日常执法检查和一般农业违法案件查处工作。

第十一条　农业农村部建立健全执法办案指导机制，分领域遴选执法办案能手，组建全国农业行政执法专家库。

市级以上地方人民政府农业农村主管部门应当选调辖区内农业行政执法骨干组建执法办案指导小组，加强对基层农业行政执法工作的指导。

第十二条　县级以上地方人民政府农业农村主管部门应当建立与乡镇人民政府、街道办事处执法协作机制，引导和支持乡镇人民政府、街道办事处执法机构协助农业综合行政执法机构开展日常巡查、投诉举报受理以及调查取证等工作。

县级农业行政处罚权依法交由乡镇人民政府、街道办事处行使的，县级人民政府农业农村主管部门应当加强对乡镇人民政府、街道办事处综合行政执法机构的业务指导和监督，提供专业技术、业务培训等方面的支持保障。

第十三条　上级农业农村主管部门及其农业综合行政执法机构可以根

据工作需要，经下级农业农村主管部门同意后，按程序调用下级农业综合行政执法机构人员开展调查、取证等执法工作。

持有行政执法证件的农业综合行政执法人员，可以根据执法协同工作需要，参加跨部门、跨区域、跨层级的行政执法活动。

第十四条　农业综合行政执法人员应当经过岗位培训，考试合格并取得行政执法证件后，方可从事行政执法工作。

农业综合行政执法机构应当鼓励和支持农业综合行政执法人员参加国家统一法律职业资格考试，取得法律职业资格。

第十五条　农业农村部负责制定全国农业综合行政执法人员培训大纲，编撰统编执法培训教材，组织开展地方执法骨干和师资培训。

县级以上地方人民政府农业农村主管部门应当制定培训计划，组织开展本辖区内执法人员培训。鼓励有条件的地方建设农业综合行政执法实训基地、现场教学基地。

农业综合行政执法人员每年应当接受不少于 60 学时的公共法律知识、业务法律知识和执法技能培训。

第十六条　县级以上人民政府农业农村主管部门应当定期开展执法练兵比武活动，选拔和培养业务水平高、综合素质强的执法办案能手。

第十七条　农业综合行政执法机构应当建立和实施执法人员定期轮岗制度，培养通专结合、一专多能的执法人才。

第十八条　县级以上人民政府农业农村主管部门可以根据工作需要，按照规定程序和权限为农业综合行政执法机构配置行政执法辅助人员。

行政执法辅助人员应当在农业综合行政执法机构及执法人员的指导和监督下开展行政执法辅助性工作。禁止辅助人员独立执法。

第三章　执法行为规范

第十九条　县级以上人民政府农业农村主管部门实施行政处罚及相关执法活动，应当做到事实清楚，证据充分，程序合法，定性准确，适用法律正确，裁量合理，文书规范。

农业综合行政执法人员应当依照法定权限履行行政执法职责，做到严格规范公正文明执法，不得玩忽职守、超越职权、滥用职权。

第二十条　县级以上人民政府农业农村主管部门应当通过本部门或者本级政府官方网站、公示栏、执法服务窗口等平台，向社会公开行政执法人员、职责、依据、范围、权限、程序等农业行政执法基本信息，并及时根据法律法规及机构职能、执法人员等变化情况进行动态调整。

县级以上人民政府农业农村主管部门作出涉及农产品质量安全、农资质量、耕地质量、动植物疫情防控、农机、农业资源生态环境保护、植物新品种权保护等具有一定社会影响的行政处罚决定，应当依法向社会公开。

第二十一条　县级以上人民政府农业农村主管部门应当通过文字、音像等形式，对农业行政执法的启动、调查取证、审核决定、送达执行等全过程进行记录，全面系统归档保存，做到执法全过程留痕和可回溯管理。

查封扣押财产、收缴销毁违法物品产品等直接涉及重大财产权益的现场执法活动，以及调查取证、举行听证、留置送达和公告送达等容易引发争议的行政执法过程，应当全程音像记录。

农业行政执法制作的法律文书、音像等记录资料，应当按照有关法律法规和档案管理规定归档保存。

第二十二条　县级以上地方人民政府农业农村主管部门作出涉及重大公共利益，可能造成重大社会影响或引发社会风险，案件情况疑难复杂、涉及多个法律关系等重大执法决定前，应当依法履行法制审核程序。未经法制审核或者审核未通过的，不得作出决定。

县级以上地方人民政府农业农村主管部门应当结合本部门行政执法行为类别、执法层级、所属领域、涉案金额等，制定本部门重大执法决定法制审核目录清单。

第二十三条　农业综合行政执法机构制作农业行政执法文书，应当遵照农业农村部制定的农业行政执法文书制作规范和农业行政执法基本文书格式。

农业行政执法文书的内容应当符合有关法律、法规和规章的规定，做到格式统一、内容完整、表述清楚、逻辑严密、用语规范。

第二十四条　农业农村部可以根据统一和规范全国农业行政执法裁量尺度的需要，针对特定的农业行政处罚事项制定自由裁量权基准。

县级以上地方人民政府农业农村主管部门应当根据法律、法规、规章以及农业农村部规定，制定本辖区农业行政处罚自由裁量权基准，明确裁量标准和适用条件，并向社会公开。

县级以上人民政府农业农村主管部门行使农业行政处罚自由裁量权，应当根据违法行为的事实、性质、情节、社会危害程度等，准确适用行政处罚种类和处罚幅度。

第二十五条　农业综合行政执法人员开展执法检查、调查取证、采取强制措施和强制执行、送达执法文书等执法时，应当主动出示执法证件，向当事人和相关人员表明身份，并按照规定要求统一着执法服装、佩戴农业执法标志。

第二十六条　农业农村部定期发布农业行政执法指导性案例，规范和统一全国农业综合行政执法法律适用。

县级以上人民政府农业农村主管部门应当及时发布辖区内农业行政执法典型案例，发挥警示和震慑作用。

第二十七条　农业综合行政执法机构应当坚持处罚与教育相结合，按照"谁执法谁普法"的要求，将法治宣传教育融入执法工作全过程。

县级农业综合行政执法人员应当采取包区包片等方式，与农村学法用法示范户建立联系机制。

第二十八条　农业综合行政执法人员依法履行法定职责受法律保护，非因法定事由、非经法定程序，不受处分。任何组织和个人不得阻挠、妨碍农业综合行政执法人员依法执行公务。

农业综合行政执法人员因故意或者重大过失，不履行或者违法履行行政执法职责，造成危害后果或者不良影响的，应当依法承担行政责任。

第二十九条　农业综合行政执法机构及其执法人员应当严格依照法律、法规、规章的要求进行执法，严格遵守下列规定：

（一）不准徇私枉法、庇护违法者；

（二）不准越权执法、违反程序办案；

（三）不准干扰市场主体正常经营活动；

（四）不准利用职务之便为自己和亲友牟利；

（五）不准执法随意、畸轻畸重、以罚代管；

（六）不准作风粗暴。

第四章　执法条件保障

第三十条　县级以上地方人民政府农业农村主管部门应当落实执法经费财政保障制度，将农业行政执法运行经费、执法装备建设经费、执法抽检经费、罚没物品保管处置经费等纳入部门预算，确保满足执法工作需要。

第三十一条　县级以上人民政府农业农村主管部门应当依托大数据、云计算、人工智能等信息技术手段，加强农业行政执法信息化建设，推进执法数据归集整合、互联互通。

农业综合行政执法机构应当充分利用已有执法信息系统和信息共享平台，全面推行掌上执法、移动执法，实现执法程序网上流转、执法活动网上监督、执法信息网上查询。

第三十二条　县级以上地方人民政府农业农村主管部门应当根据执法工作需要，为农业综合行政执法机构配置执法办公用房和问询室、调解室、听证室、物证室、罚没收缴扣押物品仓库等执法辅助用房。

第三十三条　县级以上地方人民政府农业农村主管部门应当按照党政机关公务用车管理办法、党政机关执法执勤用车配备使用管理办法等有关规定，结合本辖区农业行政执法实际，为农业综合行政执法机构合理配备农业行政执法执勤用车。

县级以上地方人民政府农业农村主管部门应当按照有关执法装备配备标准为农业综合行政执法机构配备依法履职所需的基础装备、取证设备、应急设备和个人防护设备等执法装备。

第三十四条　县级以上地方人民政府农业农村主管部门内设或所属的农业综合行政执法机构中在编在职执法人员，统一配发农业综合行政执法制式服装和标志。

县级以上地方人民政府农业农村主管部门应当按照综合行政执法制式服装和标志管理办法及有关技术规范配发制式服装和标志，不得自行扩大着装范围和提高发放标准，不得改变制式服装和标志样式。

农业综合行政执法人员应当妥善保管制式服装和标志，辞职、调离或者被辞退、开除的，应当交回所有制式服装和帽徽、臂章、肩章等标志；

退休的，应当交回帽徽、臂章、肩章等所有标志。

第三十五条　农业农村部制定、发布全国统一的农业综合行政执法标识。

县级以上地方人民政府农业农村主管部门应当按照农业农村部有关要求，规范使用执法标识，不得随意改变标识的内容、颜色、内部结构及比例。

农业综合行政执法标识所有权归农业农村部所有。未经许可，任何单位和个人不得擅自使用，不得将相同或者近似标识作为商标注册。

第五章　执法监督

第三十六条　上级农业农村部门应当对下级农业农村部门及其农业综合行政执法机构的行政执法工作情况进行监督，及时纠正违法或明显不当的行为。

第三十七条　属于社会影响重大、案情复杂或者可能涉及犯罪的重大违法案件，上级农业农村部门可以采取发函督办、挂牌督办、现场督办等方式，督促下级农业农村部门及其农业综合行政执法机构调查处理。接办案件的农业农村部门及其农业综合行政执法机构应当及时调查处置，并按要求反馈查处进展情况和结果。

第三十八条　县级以上人民政府农业农村主管部门应当建立健全行政执法文书和案卷评查制度，定期开展评查，发布评查结果。

第三十九条　县级以上地方人民政府农业农村主管部门应当定期对本单位农业综合行政执法工作情况进行考核评议。考核评议结果作为农业行政执法人员职级晋升、评优评先的重要依据。

第四十条　农业综合行政执法机构应当建立行政执法情况统计报送制度，按照农业农村部有关要求，于每年 6 月 30 日和 12 月 31 日前向本级农业农村主管部门和上一级农业综合行政执法机构报送半年、全年执法统计情况。

第四十一条　县级以上地方人民政府农业农村主管部门应当健全群众监督、舆论监督等社会监督机制，对人民群众举报投诉、新闻媒体曝光、有关部门移送的涉农违法案件及时回应，妥善处置。

第四十二条 鼓励县级以上地方人民政府农业农村主管部门会同财政、司法行政等有关部门建立重大违法行为举报奖励机制，结合本地实际对举报奖励范围、标准等予以具体规定，规范发放程序，做好全程监督。

第四十三条 县级以上人民政府农业农村主管部门应当建立领导干部干预执法活动、插手具体案件责任追究制度。

第四十四条 县级以上人民政府农业农村主管部门应当建立健全突发问题预警研判和应急处置机制，及时回应社会关切，提高风险防范及应对能力。

第六章 附 则

第四十五条 本办法自 2023 年 1 月 1 日起施行。

规范农业行政处罚自由裁量权办法

（2019年5月31日农业农村部公告第180号公布，2022年1月7日农业农村部令2022年第1号修订）

第一条 为规范农业行政执法行为，保障农业农村主管部门合法、合理、适当地行使行政处罚自由裁量权，保护公民、法人和其他组织的合法权益，根据《中华人民共和国行政处罚法》以及国务院有关规定，制定本办法。

第二条 本办法所称农业行政处罚自由裁量权，是指农业农村主管部门在实施农业行政处罚时，根据法律、法规、规章的规定，综合考虑违法行为的事实、性质、情节、社会危害程度等因素，决定行政处罚种类及处罚幅度的权限。

第三条 农业农村主管部门制定行政处罚自由裁量基准和行使行政处罚自由裁量权，适用本办法。

第四条 行使行政处罚自由裁量权，应当符合法律、法规、规章的规定，遵循法定程序，保障行政相对人的合法权益。

第五条 行使行政处罚自由裁量权应当符合法律目的，排除不相关因素的干扰，所采取的措施和手段应当必要、适当。

第六条 行使行政处罚自由裁量权，应当以事实为依据，行政处罚的种类和幅度应当与违法行为的事实、性质、情节、社会危害程度相当，与违法行为发生地的经济社会发展水平相适应。

违法事实、性质、情节及社会危害后果等相同或相近的违法行为，同一行政区域行政处罚的种类和幅度应当基本一致。

第七条 农业农村部可以根据统一和规范全国农业行政执法裁量尺度的需要，针对特定的农业行政处罚事项制定自由裁量基准。

第八条 法律、法规、规章对行政处罚事项规定有自由裁量空间的，省级农业农村主管部门应当根据本办法结合本地区实际制定自由裁量基准，明确处罚裁量标准和适用条件，供本地区农业农村主管部门实施行政处罚时参照执行。

市、县级农业农村主管部门可以在省级农业农村主管部门制定的行政处罚自由裁量基准范围内，结合本地实际对处罚裁量标准和适用条件进行细化和量化。

第九条 农业农村主管部门应当依据法律、法规、规章制修订情况、上级主管部门制定的行政处罚自由裁量权适用规则的变化以及执法工作实际，及时修订完善本部门的行政处罚自由裁量基准。

第十条 制定行政处罚自由裁量基准，应当遵守以下规定：

（一）法律、法规、规章规定可以选择是否给予行政处罚的，应当明确是否给予行政处罚的具体裁量标准和适用条件；

（二）法律、法规、规章规定可以选择行政处罚种类的，应当明确适用不同种类行政处罚的具体裁量标准和适用条件；

（三）法律、法规、规章规定可以选择行政处罚幅度的，应当根据违法事实、性质、情节、社会危害程度等因素确定具体裁量标准和适用条件；

（四）法律、法规、规章规定可以单处也可以并处行政处罚的，应当明确单处或者并处行政处罚的具体裁量标准和适用条件。

第十一条 法律、法规、规章设定的罚款数额有一定幅度的，在相应的幅度范围内分为从重处罚、一般处罚、从轻处罚。除法律、法规、规章另有规定外，罚款处罚的数额按照以下标准确定：

（一）罚款为一定幅度的数额，并同时规定了最低罚款数额和最高罚款数额的，从轻处罚应低于最高罚款数额与最低罚款数额的中间值，从重处罚应高于中间值；

（二）只规定了最高罚款数额未规定最低罚款数额的，从轻处罚一般按最高罚款数额的百分之三十以下确定，一般处罚按最高罚款数额的百分之三十以上百分之六十以下确定，从重处罚应高于最高罚款数额的百分之六十；

（三）罚款为一定金额的倍数，并同时规定了最低罚款倍数和最高罚款倍数的，从轻处罚应低于最低罚款倍数和最高罚款倍数的中间倍数，从重

处罚应高于中间倍数;

（四）只规定最高罚款倍数未规定最低罚款倍数的，从轻处罚一般按最高罚款倍数的百分之三十以下确定，一般处罚按最高罚款倍数的百分之三十以上百分之六十以下确定，从重处罚应高于最高罚款倍数的百分之六十。

第十二条　同时具有两个以上从重情节、且不具有从轻情节的，应当在违法行为对应的处罚幅度内按最高档次实施处罚。

同时具有两个以上从轻情节、且不具有从重情节的，应当在违法行为对应的处罚幅度内按最低档次实施处罚。

同时具有从重和从轻情节的，应当根据违法行为的性质和主要情节确定对应的处罚幅度，综合考虑后实施处罚。

第十三条　有下列情形之一的，农业农村主管部门依法不予处罚:

（一）未满14周岁的未成年人实施违法行为的。

（二）精神病人、智力残疾人在不能辨认或者控制自己行为时实施违法行为的。

（三）违法事实不清，证据不足的。

（四）违法行为轻微并及时纠正，未造成危害后果的。

（五）违法行为在两年内未被发现的;涉及公民生命健康安全、金融安全且有危害后果的，上述期限延长至五年。法律另有规定的除外。

（六）其他依法不予处罚的。

第十四条　有下列情形之一的，农业农村主管部门依法从轻或减轻处罚:

（一）已满14周岁不满18周岁的未成年人实施违法行为的;

（二）主动消除或减轻违法行为危害后果的;

（三）受他人胁迫或者诱骗实施违法行为的;

（四）主动供述行政机关尚未掌握的违法行为的;

（五）配合行政机关查处违法行为有立功表现的;

（六）其他依法应当从轻或减轻处罚的。

第十五条　有下列情形之一的，农业农村主管部门依法从重处罚:

（一）违法情节恶劣，造成严重危害后果的;

（二）责令改正拒不改正，或者一年内实施两次以上同种违法行为的;

（三）妨碍、阻挠或者抗拒执法人员依法调查、处理其违法行为的；

（四）故意转移、隐匿、毁坏或伪造证据，或者对举报投诉人、证人打击报复的；

（五）在共同违法行为中起主要作用的；

（六）胁迫、诱骗或教唆未成年人实施违法行为的；

（七）其他依法应当从重处罚的。

第十六条 给予减轻处罚的，依法在法定行政处罚的最低限度以下作出。

第十七条 农业农村主管部门行使行政处罚自由裁量权，应当充分听取当事人的陈述、申辩，并记录在案。按照一般程序作出的农业行政处罚决定，应当经农业农村主管部门法制工作机构审核；对情节复杂或者重大违法行为给予较重的行政处罚的，还应当经农业农村主管部门负责人集体讨论决定，并在案卷讨论记录和行政处罚决定书中说明理由。

第十八条 行使行政处罚自由裁量权，应当坚持处罚与教育相结合、执法与普法相结合，将普法宣传融入行政执法全过程，教育和引导公民、法人或者其他组织知法学法、自觉守法。

第十九条 农业农村主管部门应当加强农业执法典型案例的收集、整理、研究和发布工作，建立农业行政执法案例库，充分发挥典型案例在指导和规范行政处罚自由裁量权工作中的引导、规范功能。

第二十条 农业农村主管部门行使行政处罚自由裁量权，不得有下列情形：

（一）违法行为的事实、性质、情节以及社会危害程度与受到的行政处罚相比，畸轻或者畸重的；

（二）在同一时期同类案件中，不同当事人的违法行为相同或者相近，所受行政处罚差别较大的；

（三）依法应当不予行政处罚或者应当从轻、减轻行政处罚的，给予处罚或未从轻、减轻行政处罚的；

（四）其他滥用行政处罚自由裁量权情形的。

第二十一条 各级农业农村主管部门应当建立健全规范农业行政处罚自由裁量权的监督制度，通过以下方式加强对本行政区域内农业农村主管部门行使自由裁量权情况的监督：

（一）行政处罚决定法制审核；

（二）开展行政执法评议考核；

（三）开展行政处罚案卷评查；

（四）受理行政执法投诉举报；

（五）法律、法规和规章规定的其他方式。

第二十二条　农业行政执法人员滥用行政处罚自由裁量权的，依法追究其行政责任。涉嫌违纪、犯罪的，移交纪检监察机关、司法机关依法依规处理。

第二十三条　县级以上地方人民政府农业农村主管部门制定的行政处罚自由裁量权基准，应当及时向社会公开。

第二十四条　本办法自 2019 年 6 月 1 日起施行。

图书在版编目（CIP）数据

农业行政执法程序常见问题 / 中共农业农村部党校，农业农村部管理干部学院组编. —北京：中国农业出版社，2023.7（2024.3 重印）

ISBN 978-7-109-30623-3

Ⅰ.①农… Ⅱ.①中… ②农… Ⅲ.①农业法－行政执法－中国－问题解答 Ⅳ.①D922.4-44②D922.11-44

中国国家版本馆 CIP 数据核字（2023）第 068991 号

中国农业出版社出版

地址：北京市朝阳区麦子店街 18 号楼

邮编：100125

责任编辑：张丽四

版式设计：王　晨　　责任校对：吴丽婷

印刷：三河市国英印务有限公司

版次：2023 年 7 月第 1 版

印次：2024 年 3 月河北第 2 次印刷

发行：新华书店北京发行所

开本：700mm×1000mm　1/16

印张：12

字数：165 千字

定价：68.00 元